Die Gewaltkriminalität in den USA

von

Dr. Wolf Middendorff
Amtsgerichtsrat in Freiburg i. Br.

Berlin 1970

WALTER DE GRUYTER

Diese Ausgabe ist der

Zeitschrift für die gesamte Strafrechtswissenschaft Bd. 81

Heft 2 und 4 entnommen.

Archiv-Nr. 27 65 701

Satz und Druck: Walter de Gruyter & Co. Berlin 30

Vorwort

Das Thema Gewalt und Gewaltkriminalität ist für die USA wie für andere Länder von gleichbleibender Aktualität. Der Verlag hat sich daher entschlossen, den in der Zeitschrift für die gesamte Strafrechtswissenschaft, Heft 2 und 4, 1969, veröffentlichten Aufsatz „Die Gewaltkriminalität in den USA" für einen weiteren Leserkreis als Monographie herauszubringen. In einem Nachwort wird auf einige weitere, inzwischen erschienene Literatur hingewiesen und auf zwei neue Formen der Gewaltkriminalität eingegangen, die in letzter Zeit Schlagzeilen gemacht haben: die Flugzeugentführungen und die Kriegsverbrechen in Vietnam.

Freiburg, im Februar 1970 Wolf Middendorff

INHALT

Einleitung 1

1. *Die historische Entwicklung* 4

Die Besiedlung des Ostens 4
Die Grenze im Westen 8
John Brown und seine Zeit 15
Die Gewalttätigkeit im Süden 18
Die Gangster 23
Die politischen Morde 30
Die Kriminalität des gemeinen Mordes 32

2. *Einige weitere Ursachentheorien* 38

Die psychologische Theorie der Gewalt 39
Die Einflüsse der Umwelt 45
Die Massenmedien 46
Die Gruppe 49
Die soziale Kontrolle 54
Das Problem der Waffenkontrolle 59

3. *Die Persönlichkeit des Mörders* 63

Die kriminologischen Typisierungsversuche 63
Lohnmörder und Auftraggeber 72
Crime passionnel 75
Mord und andere Delikte 78

4. *Mensch und Verbrecher* 82

Schlußbemerkung 86

Nachwort 88

Einleitung

Die Ermordung Robert Kennedy's in Los Angeles hat die Welt und besonders die USA aufgeschreckt und eine Fülle von kritischen

Stellungnahmen aus anderen Ländern wie auch aus den USA selbst hervorgerufen. Einige von ihnen seien angefügt. So schrieb die „Irish Times" (Dublin) am 6. 6. 68: „Es liegt etwas in der Luft der modernen Welt: eine Verachtung der Autorität, eine ansteckende Unverantwortlichkeit, eine Art moralischer Delinquenz, die nicht länger durch religiösen oder ethischen Glauben gehemmt wird. Und diese Dinge bedrohen nun nicht nur unsere persönliche Ruhe, sondern die öffentliche Sicherheit in vielen Teilen der Welt." In einer Sonderausgabe des Londoner „Daily Express", „The Politics of Hate", vom 8. 6. 68 hieß es: „Als Nation sind die USA das Paradoxon unserer Zeit. Ihr Wohlstand, ihr Können, ihre Bestrebungen und ihre unbegrenzten Hilfsquellen lassen die Welt sie beneiden. Amerika hat in einem Wort — alles ... Und doch frustriert die dunkle Seite des amerikanischen Lebens fortwährend die hellen Ambitionen des Volkes und seiner Führer, die den amerikanischen Traum verwirklichen wollen. In diesem Jahrzehnt hat das Schlechte Amerikas das Gute überwuchert. Die besten Absichten brechen zusammen, bevor sie verwirklicht sind ... Furcht und Mißtrauen, Zweifel an sich selbst und Unentschiedenheit sind die tragischen Symptome einer Nation am Rande eines nervösen Zusammenbruches. In dieser Lage hat Amerika der Gewalt — diesem unglücklichen nationalen Charakterzug — erlaubt, vorherrschend zu werden. Es ist immer ein gewalttätiges Land gewesen, aber in unserem Jahrzehnt hat die ungesteuerte Gewalt die berechnete Gewalt ersetzt, und die hervorragendsten Opfer waren die führenden Persönlichkeiten der Nation."

Der Amerika-Korrespondent der „Zeit", Joachim *Schwelien*, drückte einen ähnlichen Gedanken aus: „Die Amerikaner sind ein Volk mit einem Janus-Gesicht, das heute die eine Seite humaner Rationalität zeigt und morgen die atavistische Brutalität. Wo sich der Umwelt das eine Antlitz zukehrt, sollte sie das andere nicht vergessen."

Die oftmals radikale amerikanische Selbstkritik geht in der Verurteilung des eigenen Volkes womöglich noch weiter. So sagte der Historiker und Freund der Familie Kennedy, Arthur *Schlesinger*: „Wir sind ein gewalttätiges Volk mit einer gewalttätigen Geschichte. Und der Hang zur Gewalt pulst im Blutstrom unseres nationalen Lebens. Wir sind das erschreckendste Volk dieses Planeten, weil die begangenen Gewalttaten so wenig unsere Selbstgerechtigkeit erschüttern, die unüberwindliche Überzeugung von unserer moralischen Unfehlbarkeit." Der Dichter John *Steinbeck* stimmt in seinem Buch „Amerika und die Amerikaner" in den Chor der Kritiker ein, wenn er sagt: „Das Leben gilt tatsächlich wenig und ist im Begriff, zu etwas

Widerlichem zu werden. Wir benehmen uns, als ob wir einander haßten und im Stillen der Ermordung und Beseitigung eines Mitmenschen unseren Beifall gäben[1]."

Eine Umfrage des Gallup Instituts Anfang Juli 1968 ergab, daß jeder dritte Amerikaner der Ansicht war, daß Amerika eine „kranke Gesellschaft" habe. Als Begründung dieser Auffassung wurden Gesetzlosigkeit, Eigensucht, zu milde Urteile der Gerichte, ein moralischer Niedergang und die Abkehr von der Religion angegeben[2].

Schon früher hat *Angle* die Ursachen und Formen der amerikanischen Gewalttätigkeit gut zusammengefaßt: „Wir Amerikaner ... haben niemals lange gezögert, zur Gewalt unsere Zuflucht zu nehmen, manchmal in der Leidenschaft, manchmal in der Überzeugung, daß die Wege des Gesetzes entweder schlecht oder zu langsam sind, manchmal auch deswegen, weil das Gesetz der Erfüllung unserer Wünsche entgegenstand. Die Gewalttätigkeit hat verschiedene Formen angenommen ... diese Formen sind so verschieden wie die Emotionen unseres Volkes; die Neigung zur Gewalttätigkeit, die die Schranken der Konventionen durchbricht, hat sich in jedem Teil unseres Landes und zu jedem Zeitpunkt unserer Geschichte gezeigt[3]."

Im folgenden will ich versuchen, die oben angeführten Behauptungen auf ihren Wahrheitsgehalt zu überprüfen. Im Rahmen der Gewaltverbrechen muß ich mich dabei auf das wichtigste Delikt in dieser Gruppe, die vorsätzliche Tötung, beschränken, werde aber Vergleiche mit anderen Ländern, insbesondere der Bundesrepublik, anstellen. Die Methode meines Vorgehens ist die der historischen Kriminologie[4], nach Möglichkeit habe ich Statistiken ausgewertet; wo diese jedoch — und das gilt besonders für die Schilderung der historischen Entwicklung — nur selten verfügbar sind, muß das Werturteil versuchen, vorhandene Lücken zu schließen[5]. Als Vorarbeit dieser Studie diente mein Aufsatz „Materialien zur Geschichte des Verbrechens in den USA"[6]. Die wahrscheinlich wichtigste Ursache der heutigen amerikanischen Gewaltkriminalität liegt in der geschichtlichen Entwicklung der USA.

[1] Luzern 1966, S. 208. Siehe auch *Selby*, Letzte Ausfahrt Brooklyn, Reinbeck 1968.

[2] FAZ, 5. 7. 68.

[3] Resort to Violence, London 1954, S. 10—11.

[4] Siehe *Middendorff*, Probleme und Aufgaben der historischen Kriminologie, Kriminalistik, August 1967, S. 400ff.

[5] Zur Methode siehe auch: *Siebel*, Werturteil und Messung, Jahrbuch für Sozialwissenschaft, Heft 1, 1966, S. 1ff.

[6] Kriminologische Wegzeichen, Festschrift v. Hentig, Hamburg 1967, S. 233ff.

1. *Die historische Entwicklung*

Die Besiedlung des Ostens

Von Beginn des 17. Jahrhunderts an wurde die Ostküste des amerikanischen Kontinents von europäischen Auswanderern, vor allem aus England, besiedelt. Die einzelnen Niederlassungen lagen weit voneinander entfernt, hatten nur wenig Verbindung miteinander, und das Leben in ihnen entwickelte sich daher zunächst in ganz verschiedenen Richtungen. Die Puritaner in Massachusetts lebten anders als die Pflanzer im Bereich der späteren Südstaaten, die Quäker wiederum sonderten sich von allen Einwanderern ab und wurden von den Puritanern blutig verfolgt. Im Bereich des späteren Staates Pennsylvanien fanden sich dagegen die verschiedenen Einwanderergruppen in harmonischem Zusammenleben. Das in sich homogenste Gebiet war das Neu-Englands, in dem die Puritaner herrschten; direkt daneben lag jedoch die Kolonie Rhode-Island, die nach den Worten eines puritanischen Geistlichen ein Sammelbecken für Ausgestoßene aus England war und in die die Sträflinge aus dem alten Kontinent abgeschoben wurden. Man konnte sich kaum einen größeren Gegensatz als den zwischen Rhode Island und Massachusetts vorstellen[7].

In den nördlichen Kolonien war — soweit wir das heute beurteilen können — die Mordkriminalität gering, genaue Statistiken fehlen aber selbstverständlich. Über Virginia heißt es, „seit den Zeiten Kains und Abels wurden unter den Menschen Morde begangen, die Virginier hatten ihren Anteil an ihnen, und ihre einzige Zuflucht war die Abschreckung durch einen Appell an das mosaische Gesetz[8]." Die Strafe für vorsätzlichen Mord war in Virginia die Todesstrafe, eine Statistik über 59 Mordprozesse, über die in der „Virginia Gazette" berichtet wurde, zeigte, daß 32 Täter zum Tode verurteilt und 25 freigesprochen wurden. Bei zweien wurde die Anklage von Mord in Totschlag abgeändert. Eine Reihe von weißen Siedlern wurde wegen Mordes an ihren schwarzen Sklaven angeklagt[9].

In South Carolina betrug der Anteil der vorsätzlichen Tötungen an allen Delikten etwa 4 Prozent, die Dunkelziffer scheint aber sehr

[7] Siehe *Miller*, The first frontier, Life in colonial America, New York 1966, und *Lacour/Gayet*, So lebten die Amerikaner vor dem Bürgerkrieg, Stuttgart 1958.

[8] *Rankin*, Criminal Trial Proceedings in the General Court of Colonial Virginia, Williamsburgh, Virginia 1965, S. 215.

[9] *Rankin* a. a. O. S. 205ff., zur Geschichte der Besiedelung von Jamestown siehe *Garnett*, Pocahontas or the Nonparell of Virginia, Garden City 1958.

groß gewesen zu sein, insbesondere deshalb, weil unausgebildete Leichenbeschauer zweifelhafte Todesursachen als „Ertrinken" oder als „Heimsuchung durch Gott" bezeichneten. Es sollen etwa nur die Hälfte aller tatsächlich begangenen vorsätzlichen Tötungen angeklagt worden sein. „Es scheint klar zu sein, daß die Menschen der Zeit vor dem Bürgerkrieg auf die geringste Provokation hin schossen oder zustachen und daß diese Generation weder eine hohe moralische Achtung vor dem menschlichen Leben, noch einen gesunden Respekt vor den Strafgesetzen hatte[10]." Ein englischer Reisender schrieb 1857 aus Charleston: „Als der preußische Polizeiminister, Herr von Hinckeldey, letztes Jahr erschossen wurde, hallte Europa von Empörung wider, während hier die Bürger einander ermorden, und diese Tatsache so ruhig berichtet wird wie eine Preisänderung von einem Cent für einen Ballen Baumwolle[11]." Selten wurden Morde aus Habgier begangen, die Gründe lagen meistens in persönlichen Streitigkeiten, die nach Alkoholgenuß zur Explosion führten. Schon damals gelangten Mörder in der Öffentlichkeit zu einer unangemessenen Berühmtheit; Lavinia *Fisher*, die zusammen mit ihrem Mann einige Morde begangen hatte, sagte unter dem Galgen: „Wenn ihr eine Botschaft für die Hölle habt, sagt sie mir schnell, ich will sie mitnehmen", und wurde dadurch in den Augen des Volkes so etwas wie eine Heldin[12].

Williams meint, die Zahlen der vorsätzlichen Tötungen würden sich noch erhöhen, wenn man die Tötungen bei Duellen und die Tötungen von Negern einschließen würde. Bis 1921 wurde die Tötung eines Negers durch die Gerichte als „das höchste Vergehen unseres Gesetzes" eingestuft und später erst zum Verbrechen erklärt. Ein englischer Konsul, der in den Jahren um 1850 in Charleston stationiert war, schrieb, einen Sklaven zu töten, sei hier buchstäblich nicht schlimmer, als einen Hund zu erschießen. Auch in South Carolina fällt die hohe Zahl von Freisprüchen auf; zwischen 1844 und 1858 wurden vor dem Gericht des Edgefield Distriktes 33 Männer wegen Mordes angeklagt, 18 von ihnen wurden freigesprochen, 10 wurden nur wegen Totschlags für schuldig befunden, und nur 5 wurden wegen Mordes verurteilt[13].

Im Gebiet des heutigen Staates New Jersey wurden zwischen 1750 und 1762 9 Weiße wegen Mordes verurteilt und 9 weitere freigesprochen. Die Bevölkerung betrug damals zwischen 60000 und

[10] *Williams*, Vogues in Villainy, Columbia, South Carolina 1959, S. 35.
[11] *Williams* a. a. O. S. 35.
[12] Hierzu: Charleston Murders, New York 1947, S. 41ff.
[13] *Williams* a. a. O. S. 38.

80000 Siedler. Die Ermordung eines Indianers oder eines Negers wurde als nicht so schwerwiegend betrachtet wie die Ermordung eines Weißen. Weißen Tätern wurden daher oft Zweifel bei der Schuldfeststellung zugebilligt, die man farbigen Tätern nicht gewährte. Schuldige Täter wurden anscheinend häufiger auf Bewährung freigelassen oder in die Hand oder in den Daumen gebrandmarkt oder auch, wenn sie geständig waren, sofort nach dem Urteil durch den Gouverneur begnadigt[14].

In bezug auf den Staat Connecticut fand ich in Hartford, Conn. im Archiv der „Historical Society" die Geschichte des Newgate-Gefängnisses. Nach einer Statistik vom 1. 4. 1844 stammten die Insassen in der Mehrzahl aus Connecticut. An der Spitze der Delikte stand der Einbruch mit 64 Fällen, es folgten Diebstahl mit 28, Pferdediebstahl mit 13, Ehebruch mit 11, Totschlag, versuchter Totschlag und versuchter Mord mit je 10 und Mord mit 5 Fällen[15].

Aus Massachusetts haben wir einige Statistiken über die Tätigkeit der Gerichte. Unter den in 10 Jahren zwischen 1633 und 1643 von den Gerichten in Plymouth verurteilten 191 Tätern waren 3 Mörder, die zum Tode verurteilt wurden. In einer anderen, ähnlichen Statistik, die für 1630—1640 gilt, waren von 277 Tätern ebenfalls 3 Mörder, die zum Tode verurteilt wurden. Von dem gleichen Gericht wurden zwischen 1673 und 1683 von 81 Tätern 9 wegen Mordes zum Tode verurteilt, 7 wurden wegen Totschlags verurteilt, darunter erhielten 4 eine Geldstrafe, 6 wurden zur Wiedergutmachung verurteilt, einer mußte unter dem Galgen sitzen und einer wurde ausgepeitscht. Einige dieser Täter wurden offensichtlich zu mehr als einer der angeführten Strafen verurteilt. In einer Zusammenstellung aller zur Kolonialzeit in Massachusetts begangenen Delikte wird gesagt, daß die schwersten Verbrechen nur verhältnismäßig selten begangen wurden, zu diesen werden neben Mord und Totschlag auch Hexerei und Ehebruch gezählt[16].

Vier Quäker, darunter eine Frau, wurden zum Tode verurteilt und aufgehängt, weil sie trotz ihrer Ausweisung aus der Kolonie nach Boston zurückgekehrt waren[17]. Auf der anderen Seite haben

[14] *Wise/Wise*, An Introduction to Crime and Punishment in Colonial New Jersey, Trenton, New Jersey 1960, S. 56.

[15] *Phelps*, Newgate of Connecticut, 2. Aufl., Hartford 1844, S. 22.

[16] *Powers*, Crime and Punishment in Early Massachusetts, 1620—1692, Boston 1966, S. 406—408 und S. 416.

[17] *Teeters/Hedblom*, Hang by the Neck, Springfield, Ill. 1967, S. 10ff.

neuere Forschungen ergeben, daß die Puritaner besser, d. h. milder waren als ihr Ruf[18].

Hexenverfolgungen spielten in Massachusetts eine große Rolle, 1692 wurden in Salem 26 Frauen und 6 Männer zum Tode verurteilt, 19 wurden gehängt, 2 starben im Gefängnis; ein Mann, der sich geweigert hatte, sich zu der Anklage zu äußern, wurde unter schweren Gewichten zu Tode gedrückt[19]. Auch die Stadt New York stand eine zeitlang unter einem Massenwahn, wie er nur mit der Atmosphäre der Hexenprozesse von Salem zu vergleichen ist. 1712 hatten einige Sklaven ein Haus in Brand gesetzt und die weißen Bewohner getötet, als sie den Flammen entkommen wollten. 21 Sklaven wurden hierfür zum Tode verurteilt und hingerichtet, einige wurden verbrannt, andere aufgehängt, einer auf das Rad geflochten und einer lebend in Ketten aufgehängt. Von da ab war jeder Neger verdächtig, und man witterte überall eine Negerverschwörung. Schließlich wurden noch die „Papisten" angeklagt, den Negern geholfen zu haben; eine neue Welle von Verhaftungen und Todesurteilen ging über die Stadt, und 1741 wurden wegen „Verschwörung" 4 Weiße und 8 Neger aufgehängt, 13 Neger wurden am Pfahl verbrannt, und über 80 Neger wurden als Sklaven nach Westindien deportiert[20].

Aus dem Gebiet des heutigen New Hampshire wurde dagegen für die Zeit von 1640 bis 1700 kein Mord gemeldet. Die Gerichte hatten sich hauptsächlich mit Körperverletzungen und Anklagen wegen Mißhandlungen von Ehefrauen zu beschäftigen[21]. Später wurden mehrere Morde berichtet, in keinem anderen Staat sollen soviele Mordballaden entstanden sein wie gerade in New Hampshire[22].

Die ersten Jahrzehnte in den neuen Ansiedlungen verlangten harte Männer zum Kampf nach außen gegen eine wilde Natur und feindliche Indianer; diese harten Männer waren oft Deportierte aus England. Wer in England zum Tode verurteilt worden war, konnte von der Krone begnadigt werden, wenn er sich verpflichtete, nach Amerika zu gehen. Unter den Verschickten waren im 17. Jahrhundert nicht nur Kriegsgefangene und politische Verbrecher, sondern auch

[18] *Zanger* in: The William and Mary Quarterly, A Magazine of Early American History, Juli 1965, S. 477, und *Haskins*, Law and Authority in Early Massachusetts, New York 1960.

[19] *Baschwitz*, Hexen und Hexenprozesse, München 1963, S. 388ff., *Starkey*, The Devil in Massachusetts, New York 1961.

[20] *Miller* a. a. O. S. 159ff.; *Teeters/Hedblom* a. a. O. S. 114ff.

[21] *Page*, Judicial Beginnings in New Hampshire, 1640—1700, Concord, New Hampshire 1959, S. 122.

[22] *Teeters/Hedblom* a. a. O. S. 288ff.

sonstige Gefängnisinsassen[23]. Diese Gnadenpraxis wurde später gesetzlich verankert, je nach der Schwere des Verbrechens wurde ein siebenjähriger bzw. vierzehnjähriger Aufenthalt in den amerikanischen Siedlungen vorgeschrieben. 1767 wurden die englischen Richter ermächtigt, die Verschickung im Urteil auszusprechen[24].

Miller schätzt, daß mindestens 30000 Personen von England in die Kolonien verschickt wurden, wo sie arbeiten mußten. Besonders in Maryland hing die Entwicklung der Kolonie von diesen Arbeitskräften ab. Nach Ablauf der 7 bzw. 14 Jahre waren die Verschickten frei. In der öffentlichen Meinung waren Sträflinge und Freigelassene für viele Gewaltverbrechen verantwortlich — wie Miller meint, zu Unrecht. „Verschickte Sträflinge wurden für viele Verbrechen verantwortlich gemacht, die sie gar nicht begangen hatten, ganz einfach deswegen, weil es so schwierig war zu glauben, daß ein geborener Amerikaner, von achtbaren Eltern abstammend, so etwas tun könne[25]."

Eine zusammenfassende Geschichte der Kriminalität in der Kolonialzeit ist bisher noch nicht geschrieben worden[26], im ganzen läßt sich aber wohl die Auffassung vertreten, daß die Kolonien weniger Gewaltkriminalität und insbesondere Tötungsdelikte aufzuweisen hatten als das Mutterland England. *Miller* meint, für England hätten die Verschickungen nicht zu einer Verminderung der Kriminalität geführt, denn für jeden Verschickten seien sofort andere an seine Stelle getreten, und England sei während des 18. Jahrhunderts in Europa das Land mit der höchsten Kriminalität gewesen[27]. Abschließend sagt *Miller*, daß trotz aller verschiedenartigen Entwicklung in den einzelnen Kolonien sich doch schon so etwas wie ein amerikanischer Charakter gebildet habe und zwar schon, bevor sich die Amerikaner zu einer Nation zusammengeschlossen hätten[28].

Die Grenze im Westen

Man kann den Amerikaner von heute und seine Kriminalität nicht verstehen, wenn man nicht die Geschichte der Eroberung und

[23] *Grünhut*, Penal Reform, Oxford 1948, S. 73.

[24] *Fox*, The English Prison and Borstal Systems, London 1952, S. 23—24.

[25] *Miller* a. a. O. S. 262, siehe auch *Hibbert*, The Roots of Evil, London 1963, S. 139ff.

[26] Siehe auch *Semmes*, Crime and Punishment in Early Maryland, Baltimore 1938.

[27] *Miller* a. a. O. S. 264.

[28] a. a. O. S. 281, siehe auch *Blanke*, Der Amerikaner, Meisenheim 1957, S. 4, und *Middendorff*, Soziologie des Verbrechens, Düsseldorf 1959, S. 305ff.

Besiedlung des Westens kennt[28a]. In den Jahren der westlichen Landnahme entstand der besondere „Grenzergeist", der einen wichtigen Grundzug des amerikanischen Wesens darstellt. „Grenze" (frontier) hieß das Gebiet zwischen Wildnis und Zivilisation, d. h. der sich stetig nach Westen bewegende Streifen Landes, in dem die Menschen unter primitiven, kämpferischen Bedingungen leben mußten. Dieser Bevölkerungsteil stellte eine gewisse Auslese dar, denn nur die Kühnen und Wagemutigen drängten an die Grenze. Der amerikanische Historiker Frederick J. *Turner* hat in seinen Arbeiten mehr als jeder andere die Bedeutung der Grenze für die amerikanische Geschichte und ihren Einfluß auf den amerikanischen Charakter hervorgehoben. Die Phasen der Grenzlandentwicklung vom Kämpfen und Jagen bis zum Bau von Städten wiederholten sich oft. Sobald die Pioniere ein Gebiet besiedelt hatten, setzten sich die mutigsten schon wieder dem Einfluß einer neuen Wildnis aus. Die von Europa und vom besiedelten Osten in den Westen vordringenden Ideen und Traditionen wurden, wie *Blanke* hervorhebt, durch diese stetigen Veränderungen dauernd geschwächt und konnten sich nicht richtig entfalten[29]. Auf den Einfluß der Grenze ist auch jener autoritätsfeindliche Individualismus zurückzuführen, der sich heute nach der Auffassung amerikanischer Kriminologen in der Verachtung der Strafgesetze und damit in hohen Verbrechenszahlen äußert[30].

Die Landnahme im Westen ging in verschiedenen Etappen vor sich. Das Gebiet der Grenze lag zunächst im Hinterland der atlantischen Küste und erreichte im 18. Jahrhundert die Wasserscheide der Apalachen. Nach der Revolution drangen die Grenzer bis über den Mississippi hinaus vor, besiedelten dann zunächst die pazifische Küste und nahmen die Restgebiete von Osten und Westen in die Zange. 1890 stellte die Bundesregierung fest, man könne von nun an nicht mehr von einer offenen „frontier" sprechen[31].

Einer der ersten Waldläufer und Trapper, der von seiner Berühmtheit bis heute nichts verloren hat, war Daniel *Boone*, das Vorbild des Lederstrumpf[32]. Ein anderer berühmter Hinterwäldler-

[28a] Siehe das ausgezeichnete Buch von *Mittler*, Eroberung eines Kontinents, Zürich 1968.

[29] a. a. O. S. 9; siehe auch *Turner*, The Significance of the Frontier in American History, in: Pulitzer Prize Reader, hrsg. von *Hamalian* und *Volpe*, New York 1961, S. 342ff., *Commager*, Der Geist Amerikas, Zürich 1952, S. 378ff., *Mittler* a. a. O. S. 14ff. und 413ff.

[30] *Barron*, The Juvenile in Delinquent Society, New York 1956, S. 208.

[31] *Blanke* a. a. O. S. 9.

[32] Siehe *Bakeless*, Der echte Lederstrumpf, München 1964, und *van Every*, A Company of Heroes, The American Frontier, 1775—1783, New York 1963.

Pionier war der Jäger, Kongreßabgeordnete und Pfadfinder Davy *Crockett*, der in Tennessee und Kentucky siedelte[33]. Einige dieser Pioniere waren kultivierte und hochstehende Persönlichkeiten, andere hatten sich vor dem Arm der Gerechtigkeit aus dem Osten geflüchtet[33a]. In Kentucky gab es einen Landkreis, den man „Schurkenhafen" nannte, weil hier angeblich Mörder, Pferdediebe und Straßenräuber in der Majorität waren[34].

Die zahlreichen Kämpfe mit Indianerstämmen[35] wurden oft grausam geführt. Während vor dem Eindringen der Weißen die Sitte des Skalpierens nur auf wenige Stämme beschränkt war, verbreiteten die Weißen diesen Brauch dadurch, daß sie Prämien auf Skalpe aussetzten und den Indianern eiserne Messer lieferten, die diesen — früher hatten sie alte Stein- und Muschelmesser gehabt — das Skalpieren erleichterten. Das Parlament des Territoriums Idaho erließ in den sechziger Jahren des vorigen Jahrhunderts ein Gesetz, wonach für jeden Skalp eines ausgewachsenen männlichen Indianers 100 Dollar, für jeden Frauenskalp 50 Dollar und für einen Skalp eines unter 10jährigen 25 Dollar gezahlt wurden. In South Carolina wurde 1869 die Summe von 8 englischen Pfunden für einen Skalp bezahlt. Nicht nur Indianer und Weiße skalpierten sich gegenseitig, sondern Weiße skalpierten auch weiße politische Gegner im Wahlkampf zwischen Buchanan und Frémont[36]. In der Kirche von Santa Fé lagen Skalpe als Opfergaben für die Heiligen am Altar[37], in Denver wurden 100 Skalpe im Theater gezeigt[37a].

Häufig genug wurden Aggressionen feindlicher Indianerstämme an den erstbesten Indianern gerächt, die man antraf. Zwei Häuptlinge des Sioux-Stammes brachten eine weiße Frau, die sie von anderen Indianern aus der Gefangenschaft losgekauft hatten, zum Fort Laramie und wurden dafür mit Ketten erhängt. Jeder Offizier der amerikanischen Bundestruppen hatte seine eigenen Vorstellungen, wie man mit den Indianern umgehen müsse[38], die Armee bestand zum

[33] Über sein Leben siehe *Hetmann*, Amerika-Saga, Freiburg i. Br. 1964, S. 47ff.
[33a] *Mittler* a. a. O. S. 56ff.
[34] *van Wyck Brooks*, Das Erwachen Amerikas, München 1947, S. 105, siehe auch *Coates*, The Outlaw Years, New York 1930.
[35] Über die Geschichte der nordamerikanischen Indianer siehe: *La Farge*, Die große Jagd, Olten 1966.
[36] Über das Leben des Offiziers, Forschers, Abenteurers, Eroberers von Kalifornien, Rebellen und Präsidentschaftskandidaten John Charles Frémont siehe: *Stone*, Immortal Wife, London 1966.
[37] *Nölle*, Die Indianer Nordamerikas, Stuttgart 1959, S. 73—74.
[37a] *Mittler* a. a. O. S. 376.
[38] Der Wilde Westen, hrsg. von *Howard*, München 1964, S. 56.

großen Teil aus mittellosen Einwanderern, Abenteurern und Kriminellen und trug ihr Teil zur Vernichtung der Indianer bei. General Custer wurde „Sqaw Killer" genannt [38a].

Der „Indian Summer", mit dem heute die Zeit der schönsten Herbstfärbung bezeichnet wird, die ein Europäer sich vorstellen kann, hatte im letzten Jahrhundert eine furchtbare Bedeutung. Die Indianer nutzten die letzten schönen Tage vor dem Schneefall zu grausamen Überfällen auf die Siedlungen der Weißen und zogen sich dann in die unwegsamen Wälder und Gebirge zurück.

Moralisch waren die Indianer allerdings ihren Gegnern oft überlegen, Weiße berichteten immer wieder staunend darüber, daß Indianer, die ihr Wort gegeben hatten, nicht zu fliehen, auch tatsächlich keinen Fluchtversuch machten. Ein Indianer, der wegen Mordes zum Tode verurteilt worden war, wurde entlassen mit der Aufforderung, sich genau nach 2 Jahren zur Mittagsstunde zur Exekution wieder einzufinden. Entgegen allen Voraussagen der Weißen kam der Indianer pünktlich zurück und wurde von seinem besten Freund ordnungsgemäß hingerichtet[39].

Der Hauptkampfplatz zwischen Weiß und Rot und Weiß und Weiß lag in den westlichen Prärien, und hier entstand jener Typ des Desperados, den *von Hentig* in seinem Buch den regressiven Menschen genannt hat, „wir schämen uns dieser Monstra . . . und doch lehren Geschichte, Soziologie und Kulturpathologie, daß eine verwilderte Umwelt kollektive Wildheit herauslockt. Sie sind, so scheint es, nur Kulturmenschen auf Kündigung[40]." Es war eine Wechselwirkung: die Menschen formten das Land und wurden ihrerseits vom Land geformt[41]. Ein besonderes Kapitel in der Geschichte der Besiedlung des Westens stellen die Wanderungen, Kämpfe und Landnahmen der Mormonen dar, die das Territorium Utah gründeten, das erst 1896 nach dem Verbot der Vielehe als Staat in die Union aufgenommen wurde. Die Mormonen hatten innerhalb ihrer Gemeinschaft wenig Kriminalität — so kam beispielsweise 1849 nicht ein einziger Fall vor die unteren oder oberen Strafgerichte —, nach außen mußten sie sich aber ihrer Haut wehren und waren ihrer Umwelt gegenüber zeitweise feindlich eingestellt. An der Landstraße Nr. 18 im südlichen Utah zwischen Central und Enterprise im Dixie-National Forest steht das Denkmal von Mountain Meadows. Auf einem Gedenkstein stehen die folgenden Worte:

[38a] *Mittler* a. a. O. S. 371 ff.
[39] *Hagen*, Faustrecht und Sternenbanner, Bayreuth 1967, S. 148 ff.
[40] *v. Hentig*, Der Desperado, Berlin 1956, S. 226, *Mittler* a. a. O. S. 331 ff.
[41] Der Wilde Westen a. a. O. S. 156.

„An diesem Ort geschah vom 7. bis 11. 9. 1857 eines der tragischsten Ereignisse in der Geschichte des Westens. Eine Gesellschaft von ungefähr 140 Siedlern, die, von Arkansas und Missouri kommend, auf dem Wege nach Kalifornien waren, wurden von Indianern und Weißen angegriffen, und alle mit Ausnahme von 17 kleinen Kindern wurden getötet. John D. Lee, der sich als Anführer der Angreifer bezeichnete, wurde an dieser Stelle nach seiner Verurteilung zum Tode am 23. 3. 1877 hingerichtet. Die meisten der Siedler wurden in ihren eigenen Verteidigungslöchern beerdigt."

Name und Persönlichkeit des John D. Lee sind bis heute umstritten, er war eine der farbigsten Gestalten einer farbigen Zeit: Pionier und Prediger, Offizier und Organisator, Politiker und Familienoberhaupt von 19 Frauen und 60 Kindern. Seine Familie sieht ihn heute als einen heldenhaften Märtyrer an, der im Interesse seiner Kirche die Verantwortung für dieses Massaker auf sich nahm, obwohl er nicht schuldig war; er soll vielmehr auf Befehl seiner kirchlichen und militärischen Führer gehandelt haben. Mehr als hundert Jahre lang waren die Geschehnisse um das Massaker von Mountain Meadows in der Mormonenkirche tabu. Am 20. 4. 1961 wurde John D. Lee jedoch offiziell wieder in seine Kirche aufgenommen und feierlich rehabilitiert[42].

Die Entwicklung des zunächst spanisch besiedelten Teils von New Mexico und insbesondere der Stadt Santa Fé hat Oliver *La Farge* anhand der Jahrgänge der Zeitung „The New Mexican" beschrieben. Von Morden und sonstigen Verbrechen ist nur selten die Rede, wohl aber waren Bevölkerung und Zeitung von einem Frauenzweikampf beeindruckt. Zwei Frauen, die sich gegenseitig beleidigt hatten, wurden von Männern Messer in die Hand gegeben, und man bildete um sie herum einen Kreis, um sich das Schauspiel des Zweikampfes anzusehen. Der Ausgang des Duells wird nicht berichtet[43].

In den neubesiedelten Gebieten war die soziale Kontrolle zunächst überhaupt nicht vorhanden und später nur schwach ausgebildet[43a]. Bevor es gesetzgebende Körperschaften und Gerichte gab, hatte der Westen eigene, ungeschriebene Gesetze. Teilweise waren diese Gesetze aus dem Osten oder aus Spanien mitgebracht, teilweise ergaben sie sich aus den besonderen Notwendigkeiten der Grenze. Selbst einige indianische Sitten wurden übernommen, so z. B. das Verbot, innerhalb

[42] Siehe *Middendorff*, Kriminologische Reisebilder, Hamburg 1967, S. 7ff., Juanita *Brooks*, John Doyle *Lee*, Glendale, California 1962, *Teeters/Hedblom* a. a. O. S. 339ff., *Byrne*, A Frontier Army Surgeon, New York 1962, S. 132ff., *Mittler* a. a. O. S. 162ff.

[43] *La Farge*, Santa Fé, Norman, Oklahoma 1959, S. 5ff. und S. 17.

[43a] *Mittler* a. a. O. S. 285.

eines Lagers Schußwaffen zu verwenden, sowie die Todesstrafe für Pferdediebe. Als das übelste aller Verbrechen galt es, einen anderen ohne Pferd in der Wildnis und den von der Natur und Indianern drohenden Gefahren zurückzulassen. Wer in einem Streit zuerst die Pistole zog oder auch nur Anstalten dazu machte, durfte erschossen werden. Es war jedoch ein schwerer Verstoß gegen das Recht der Grenze, auf einen Unbewaffneten oder auf jemanden, der einem den Rücken zuwandte, zu schießen. Hunderte von Mördern und Pferdedieben wurden im Westen aufgehängt, ohne daß eine Gerichtsverhandlung stattgefunden hätte, ganz einfach, weil es keine Gerichte gab. Es konnte nicht ausbleiben, daß man im raschen Zugreifen dieser Jahre auch Unschuldige aufhängte, so kann man noch heute in Tombstone, Arizona ein Grabkreuz sehen, auf dem steht: „George Johnston, Hanged by mistake".

Die später von den Bürgern gewählten Sheriffs[43b] und Richter mochten sich im einzelnen um Gerechtigkeit mühen, es war aber oft schwer, Zeugen zu finden, die zu Aussagen bereit gewesen wären, oder eine Jury, die den Mut zur Verurteilung aufbrachte[43c]. Dutzende von Gerichtsgebäuden wurden niedergebrannt, um die Unterlagen zu vernichten. Oft konnten schließlich nur Bürgerkomitees, sogenannte Vigilantes oder Regulatoren, eine Gemeinde vor der Übernahme der Macht durch Räuber und Verbrecher bewahren[44].

Berühmt und berüchtigt unter den ersten Richtern war Judge Roy Bean, der in Langtry, Texas in der Jersey-Lily-Bar, die gleichzeitig Kneipe war, Gericht hielt. Judge Bean soll einmal einen Toten wegen unerlaubten Waffenbesitzes zu einer Geldstrafe in Höhe des in seinen Taschen gefundenen Betrages verurteilt haben[45]. Ein Einwohner von Langtry, der einen Chinesen ermordet hatte, wurde mit der Begründung freigesprochen, im Gesetzbuch seien drei Sorten von Menschen vermerkt, Weiße, Mexikaner und Neger, von Chinesen aber sei nichts zu lesen. „Leute wie Roy Bean waren höchst irregulär, aber sie wären nicht 20 Jahre lang geduldet und wiedergewählt worden, wenn sie nicht Funktionen des Ausgleichs auf ihre besondere Art erfüllt hätten[46]."

Neben diesen oft recht populären Volksrichtern stand die — wie *v. Hentig* es nennt — „finstere Figur" eines Richters, der von Washing-

[43b] Wie eine solche Wahl zustande kam, siehe *Byrne* a. a. O. S. 135—136.
[43c] Siehe den Fall bei *Mittler* a. a. O. S. 202ff.
[44] Der Wilde Westen a. a. O. S. 101ff., *Mittler* a. a. O. S. 340ff.
[45] Der Wilde Westen a. a. O. S. 177, siehe auch *Petri*, Die Flegeljahre Amerikas, München 1963, S. 39ff.
[46] *v. Hentig*, Der Desperado a. a. O. S. 203.

ton geschickt wurde, um in einem wilden Territorium auf dem Gebiet des heutigen Staates Oklahoma Ordnung zu schaffen. Isaac C. Parker hatte außerordentliche Vollmachten, und es gab 14 Jahre lang keine Instanz über ihm. Vor seinem Gericht, dem US-District-Criminal Court for Western Arkansas, wurden vom Mai 1875 bis zum 17. 11. 1896 13490 Anklagen erhoben und in 516 Fällen Todesurteile beantragt. Von diesen 516 Tätern wurden 344 zu lebenslänglicher Zwangsarbeit und 172 zum Tode verurteilt. Von diesen wurden 88 durch Erhängen hingerichtet. In diesen Jahren beschäftigte Parker 202 Polizeibeamte, von denen 65 im Dienst erschossen und 81 dienstunfähig verwundet wurden. Von den Polizisten wurden in Ausübung ihres Dienstes 352 gesuchte Verbrecher erschossen, 84 weitere starben nach Verwundungen[47].

Zu Beginn des Goldrausches in Kalifornien im Jahre 1848 gab es dort überhaupt keine Regierungsgewalt. Zu dieser Zeit zählte San Francisco etwa 800 Einwohner, Ende 1849 waren es ungefähr 70000. Die Goldsucher setzten zunächst ihre eigenen Lagergerichte ein, in San Francisco mußten schließlich Vigilantes-Komitees für Ordnung sorgen, und sie schafften sich mit Hilfe der Lynch-Justiz die schlimmsten Verbrecher vom Halse[48].

In Kanada verlief die Entwicklung ganz anders, gleichsam von oben nach unten und nicht umgekehrt. Die zentral gelenkte und straff organisierte Polizei, die Mounted Police, sorgte überall unnachsichtig für Ordnung, „so daß der Yukon- und Klondyke — Goldrausch als einer der allerordentlichsten Goldräusche in die Geschichte eingegangen ist"[49].

In San Francisco spielten noch innere Auseinandersetzungen zwischen chinesischen Banden eine große Rolle[50], und auch New York erlebte einige derartiger Kämpfe und Morde[51].

Die Geschichte der amerikanischen Grenze ist dem Europäer vertraut, viel weniger weiß er aber von der entsprechenden Entwicklung im Osten Europas, z. B. von den grausamen Kämpfen der Russen im

[47] *Hagen* a. a. O. S. 431ff., siehe auch *Shirley*, Law West of Fort Smith, New York 1961, und *Teeters/Hedblom* a. a. O. S. 398ff.

[48] Siehe hierzu *Valentine*, Vigilantes Justice, New York 1956, *Coblentz*, Vilains and Vigilantes, New York 1957, *Myers*, San Franzisco, Reign of Terror, Garden City 1966, *Mittler* a. a. O. S. 174ff. u. S. 211.

[49] *Johann*, Nach Kanada sollte man reisen, Gütersloh 1968, S. 167, *Mittler* a. a. O. S. 32ff.

[50] Siehe *Dillon*, The Hatchet Men, New York 1962.

[51] *LeBrun*, Call me, if it's Murder, New York 1965, S. 97.

Kaukasus in der ersten Hälfte des 19. Jahrhunderts, wo es eine russische Parallele zu dieser amerikanischen „Grenze" gab[52].

John Brown und seine Zeit

Turbulente Zeiten mobilisieren abartige Charaktere, diese wiederum treiben die turbulente Entwicklung weiter. Revolutionen und Bürgerkriege werden wesentlich von Psychopathen und Verbrechern getragen, weil gerade diese Nichtanpassungsfähigen für die Unzulänglichkeit der Gesellschaftsordnung ein überempfindliches Gefühl haben, während sich die „Normalen" mit allen Mängeln längst abgefunden haben[53].

Ein solcher abartiger Charakter war John Brown, der zum Symbol seiner Zeit wurde und dessen Name bis heute nicht vergessen ist. Das Lied

„John Brown's body lies a-mouldering in the grave,
but his soul goes marching on"

wird beiderseits des Atlantik bis heute gesungen[54].

Zu Beginn der sechziger Jahre des letzten Jahrhunderts war die Bevölkerung der Nordstaaten keineswegs begierig, die Negersklaven im Süden zu befreien. Selbst Abraham Lincoln hatte sich noch zwei Jahre, bevor er Präsident wurde, dagegen ausgesprochen, an die Institution der Sklaverei zu rühren. Auch innerhalb der christlichen Kirchen waren die Meinungen geteilt, ein Teil der Pfarrer vertrat die Auffassung, die Vorsehung habe den Neger zum Dienen bestimmt.

Zu schwerwiegenden Auseinandersetzungen zwischen Nord und Süd kam es erst, als mehrere Staaten des Nordens sich weigerten, entlaufene Sklaven ihren Eigentümern im Süden notfalls mit Gewalt zurückzuschicken. Als der spätere Staat Kansas als neues Territorium organisiert wurde, versuchten Nord und Süd, dieses Gebiet für ihre Auffassung zu gewinnen, denn ein Gesetz hatte die künftige Verfassung von Kansas von den Entschlüssen seiner Bewohner abhängig gemacht. „Gesetzgebern fehlt es fast immer an Phantasie. Sie sehen die tatsächlichen Folgen eines Textes meist nicht voraus[55]." Die Nordstaaten schickten Bibeln und Gewehre nach Kansas, aus dem Süden kamen Siedler, die tatsächlich oder nur zum Schein Grundstücke erwarben, um bei den Wahlen mitbestimmen zu können. Am Wahltag überschritten von Missouri aus rund 5000 bewaffnete Männer

[52] Siehe *Blanch*, The Sabres of Paradise, New York 1960.
[53] Siehe *Middendorff*, Der politische Mord, BKA, Wiesbaden 1968, S. 173ff.
[54] Siehe *Burrows*, Famous American Trials, London 1947, S. 13ff.
[55] *Maurois*, Die Geschichte Amerikas, Zürich 1947, S. 341.

unter der Führung eines Senators die Grenze, besetzten die Wahllokale und gaben doppelt soviel Stimmen ab, als es Wähler in Kansas gab[56].

Unter denen, die anschließend aus dem Norden nach Kansas eilten, um die Antisklavenpartei zu stärken, war John Brown[57]. Nach seiner Ankunft mischte er sich sofort in die Streitigkeiten zwischen Nord und Süd, zusammen mit seinen Söhnen überfiel er eine Siedlung mit Familien, die für die Sklaverei eintraten, und fünf Männer wurden ermordet. Weitere wechselseitige Mordtaten folgten. Ein Komitee von fünf Bürgern eröffnete ihm, er müsse innerhalb von drei Tagen Kansas verlassen, am nächsten Tage lebte von den fünf Besuchern keiner mehr. Schließlich überfiel John Brown mit einer kleinen Gefolgschaft ein Bundesarsenal bei Harper's Ferry in Virginia. Nach kurzem Kampf wurde er gefangen genommen, zum Tode verurteilt und hingerichtet. An seine Kinder schrieb er am 2. 12. 1859, er sterbe für Gottes ewige Wahrheit.

Dieser Zwischenfall erbitterte den Süden, und nach Lincoln's Wahl zum Präsidenten kam es zur Spaltung und zum Bürgerkrieg[58]. Dieser Krieg wurde außerordentlich grausam geführt, die Generale des Nordens waren in der modernen Militärgeschichte die ersten, die den Kampf gegen die Zivilbevölkerung führten und die Taktik der verbrannten Erde anwandten. Am Schluß des Krieges wurde Lincoln von einem Fanatiker des Südens ermordet[59].

Nach dem Ende des Bürgerkrieges wurden zwei Kriegsverbrecherprozesse durchgeführt. Der Kommandant des Kriegsgefangenenlagers Andersonville, Henry Wirz, der angeblich gesagt haben soll, er töte mehr Amerikaner als General Lee an der Front, wurde zum Tode verurteilt und aufgehängt. Ein weiteres Verfahren wegen der Tötung von 53 Kriegsgefangenen und Verwundeten wurde mit demselben Ergebnis durchgeführt[60]. In amerikanischer Sicht war Wirz nicht so schuldig, wie *Bauer* meint, sondern starb als Opfer des „Bürgerkriegsfiebers"[61].

Die Folgen des Bürgerkrieges waren für das ganze Land tiefgreifend. „Der Krieg hat unser Land mit einem Fluch belegt. Er hat aus dem Töten eine ehrbare Beschäftigung gemacht. Er hat Despe-

[56] *Bruce*, Von Washington bis Lincoln, Frankfurt 1959, S. 398.
[57] Über sein Leben siehe: *Middendorff*, Der politische Mord a. a. O. S. 121.
[58] Siehe *Lacour/Gayet* a. a. O. S. 163—164.
[59] Siehe *Middendorff*, Der politische Mord a. a. O S. 123ff.
[60] Hierzu *Bauer*, Die Kriegsverbrecher vor Gericht, Zürich 1945, S. 39ff.
[61] *Teeters/Hedblom* a. a. O. S. 389.

rados wie Quantrell und die James-Bande zu Helden gestempelt[62]." Die Entwicklung der westlichen Gebiete des Landes wurde durch Banden gestört, die sich meist aus entlassenen, unzufriedenen Soldaten zusammensetzten. Nord und Süd hatten im Bürgerkrieg neben den regulären Armeen auch recht großzügig Guerilla-Banden für ihre Zwecke eingesetzt. Irgendwelche Vorkehrungen, entlassene Soldaten in das zivile Leben zu überführen, gab es nicht. Die Erregungen, die durch den Krieg hervorgerufen waren, legten sich nur schwer[63]. Über den eroberten Staaten des Südens lag die harte Hand des Nordens, man nannte diese Periode „Reconstruction Days". Besonders in Texas entwickelte sich in der Bevölkerung große Unzufriedenheit, es entstanden Banden von Ausgestoßenen, und es war nur möglich, die Ordnung durch Vigilante Komitees einigermaßen wieder herzustellen. Diese Selbstjustiz überschritt häufig genug die eigenen Grenzen[64].

Zu den Mitgliedern der Guerilla-Bande Quantrells gehörten die Brüder Jesse und Frank James, deren Ruf bis heute im Westen nicht verblaßt ist. Die Spezialität der James-Brüder war die Beraubung von Banken; wieviele Menschen sie getötet haben, ist bis heute unbekannt geblieben. Jesse James wurde schließlich von hinten erschossen, sein Bruder wurde von einer Jury in Missouri freigesprochen, ein Auslieferungsersuchen von Minnesota wegen Mordes und Raubes wurde von dem „patriotischen" Gouverneur von Missouri abgelehnt[65]. Ein anderes Mitglied der James-Bande war Cole Younger, der „Last of the Great Outlaws"[66], dessen Leben Homer *Croy* beschrieben hat.

Einer der größten Killer des Wilden Westens war William Booney, genannt „Billy the Kid". Die vielen Heldengeschichten über Jesse James begeisterten ihn, und mit 17 Jahren soll er bereits 15 Menschen umgebracht haben, „Neger und Indianer nicht eingerechnet". Booney war ein Killer, der weniger bei Raubüberfällen als aus Vergnügen tötete. Der große amerikanische Dichter Jorge Luis *Borges* hat versucht, das Rätsel dieser nicht nur den Kriminologen faszinierenden Existenz poetisch zu deuten[67].

[62] *Haycox*, Rauhe Justiz, München 1968, S. 264.

[63] *McNamara*, Criminal Societies, Encyclopedia Americana 1955, S. 5—6.

[64] *Ripley*, They died with their boots on, New York 1964, S. VIII—IX, siehe auch: Der Wilde Westen a. a. O. S. 104—105.

[65] *Burrows* a. a. O. S. 134, siehe auch: *Prodolliet*, Lexikon des Wilden Westens, München 1967, S. 70ff.

[66] New York 1958.

[67] Der schwarze Spiegel, Hamburg 1966, S. 59ff., siehe auch *Hetmann* a. a. O. S. 130ff., und die Balladen über Billy the Kid und Jesse James, in: *Hetmann* S. 174ff., und *Prodolliet* a. a. O. S. 18.

Jack Slade war Desperado und kämpfte gegen Desperados, wie überhaupt Verbrecher und Sheriffs und private Detektive Männer von „vergleichbarem Zuschnitt“ waren[67a], ein Erbe, von dem sich die amerikanische Polizei bis heute nicht erholt hat.

Die Gewalttätigkeit im Süden

Der Krieg des Nordens gegen den Süden wurde nach der Ansicht mancher Histoiiker weniger um Menschenrechte und Sklavenbefreiung geführt — die Gleichberechtigung der Neger ist bis heute nicht voll durchgeführt —, als vielmehr um der Schwächung der Feudalschicht des Südens willen, einer Schicht, die sich den hemdsärmeligen Yankees zivilisatorisch und kulturell überlegen fühlte. Die wirtschaftliche Kraft des Staates Mississippi lag z. B. in seinen 436000 Sklaven, die einen Wert von 218 Millionen Dollar darstellten. Diese Sklaven fielen nach dem Kriege als Vermögenswert fort, die Baumwolle wurde beschlagnahmt, die Felder verödeten, und nach 5 Kriegsjahren war Mississippi, vorher der fünftreichste Staat der Union, an das Ende der Liste gerückt. General Sherman, einer der militärischen Führer des Nordens, hatte sich gerühmt, er würde jede Frau des Südens an den Waschtrog zwingen[68].

Mit diesen wirtschaftlichen Kriegszielen vor Augen wurde der Süden im Laufe des Krieges furchtbar verheert. Als General Sherman im September 1864 Atlanta, Georgia einnahm, brannte er die Stadt nieder und verjagte die Bevölkerung. Auf seinem weiteren Zug zum Meer verwüstete Sherman alles, was er auf seinem Wege fand und ließ furchtbare Erinnerungen zurück, die heute im Süden noch überraschend lebendig sind. „Sein Marsch wurde nicht gestört. Es herrschte herrliches Wetter. Die Militärmusiken spielten ‚John Brown's Body‘, die Soldaten antworteten mit ‚Glory, Glory, Halelujah!‘[69].“

Auch in Carolina richtete Sherman große Schäden an, „seine Soldaten waren Fachleute im Plündern geworden . . ., es war ein seltsamer Rausch des Hasses, verursacht vielleicht durch die lange Dauer des Krieges[70].“ Man schätzt, daß Sherman's Soldaten allein in Georgia Schäden von 100 Millionen Dollar verursachten, von denen vielleicht ein Fünftel durch den Krieg gerechtfertigt war. „Der Rest war ganz einfach nutzlose Zerstörung[71].“ Gegenüber einer Gruppe von Ein-

[67a] *Mittler* a. a. O. S. 242ff. und S. 332.
[68] *Lord*, The Past that would not die, New York 1965, S. 6—7.
[69] *Maurois* a. a. O. S. 376—377.
[70] *Maurois* a. a. O. S. 378.
[71] *Milhollen/Johnson*, Best Photos of the Civil War, New York 1961, S. 130.

wohnern von Mississippi, die bei General Sherman gegen die Verwüstungen der Soldaten protestierten, sagte dieser ganz ehrlich: „Es ist unsere Pflicht zu zerstören und nicht aufzubauen." Die Hauptstadt von Mississippi, Jackson, war niedergebrannt, Mississippi hatte 78000 Soldaten in den Krieg geschickt, nur 28000 von ihnen kehrten zurück[72].

Nach Beendigung des Bürgerkrieges wurde die weiße Vorherrschaft durch Terror aufrecht erhalten; „das Verhalten der siegreichen Nordstaatler war so abscheulich, daß drei Menschenalter die seelischen Wunden nicht haben vernarben lassen[73]." An die Stelle der Sklaverei trat eine Kastengesellschaft, in der die Neger von der übrigen Gesellschaft völlig abgesondert waren. Man vergaß nicht die Niederlage und besonders nicht „die ausgeklügelte, systematische Demütigung der stolzen Menschen des Südens, die im Namen der Demokratie durchgeführt wurde"[73a]. Die Befriedungspolitik Andrew Johnson's stieß auf schwerste Hindernisse und führte sogar zu einem Verfahren gegen ihn wegen Amtsmißbrauchs[74].

Das Verhältnis zwischen Weißen und Negern, das bis heute vergiftet ist, war vor dem Bürgerkrieg nicht nur schlecht. *Schulte Nordholt* hat die Geschichte der Neger in Amerika unter dem Titel „Das Volk, das im Finstern wandelt" gut zusammengefaßt[75]. Der Süden nahm für sich in Anspruch, die Sklaven hätten ein besseres und gesicherteres Leben als die freien Neger im Norden[76]. Auf der anderen Seite wurden von Beginn der Sklaverei an große Grausamkeiten gegenüber den Negern begangen. Eines der schrecklichsten Verbrechen geschah 1811 in Kentucky, wo zwei Neffen von Thomas Jefferson mit Namen Lewis einen jungen, aufrührerischen Sklaven, der mehrmals entlaufen war, vor den Augen ihrer anderen Sklaven auf einem Fleischklotz, mit den Füßen beginnend, zerhackten und die Teile dann im Kaminfeuer verbrannten. Die Tat erregte Entsetzen, wurde aber nicht sofort bekannt, weil die erschreckten Neger schwiegen. Als die beiden Brüder verhaftet werden sollten, machten sie einen Selbstmordversuch, der nur einem von ihnen gelang. Der andere entfloh aus dem Gefängnis und soll später in der Armee Jackson's in der Schlacht um New Orleans gefallen sein[77].

[72] *Lord* a. a. O. S. 5—6.
[73] *Gorer*, Die Amerikaner, Hamburg 1956, S. 182.
[73a] *Gorer* a. a. O. S. 183.
[74] *Dickler*, Dreizehn Prozesse, die Geschichte machten, München 1964, S. 125ff.
[75] Bremen o. J.
[76] *Gorer* a. a. O. S. 182.
[77] *Collman*, Slavery Times in Kentucky, Chapel Hill, North Carolina 1940, S. 255—261.

Sklavenaufstände waren indessen selten, nur im August 1831 erhoben sich im Distrikt Southampton in Virginia einige Sklaven gegen ihre weißen Herren. Der Aufstand dauerte zwei Tage, es waren höchstens 60 Neger an ihm beteiligt; 55 weiße Männer, Frauen und Kinder wurden grausam niedergemacht. In einem Fall war ein Säugling in einer Wiege unversehrt geblieben, die Neger hatten das Haus schon verlassen, als zwei Männer wieder umkehrten und das Kind töteten. Der Anführer der Rebellen war Nat Turner, ein frommer Mann, der sich von biblischen Visionen zu seiner Tat gerufen fühlte. Nach einem kurzen Feuergefecht mit schnell zusammengerufenen Farmern zerstreuten sich die Neger, und es begann ein schreckliches Strafgericht, in dessen Verlauf zahllose unschuldige Neger umgebracht wurden. Nat Turner wurde vor Gericht gestellt, zum Tode verurteilt und aufgehängt. In der Gefängniszelle von Jerusalem, Virginia, diktierte er seinem Verteidiger seine „Bekenntnisse", die ein historisches und kriminologisches Dokument von hohem Wert darstellen, und die *Styron* in seinem Roman „Die Bekenntnisse des Nat Turner"[78] verwendet hat. Der Urtext ist in *Aptheker* „Nat Turner's Slave Rebellion"[79] enthalten.

Ein Mittel weißen Terrors ist bis heute der Geheimbund des Ku-Klux-Klan geblieben[80]. Der Ku-Klux-Klan wurde nach dem Ende des Bürgerkrieges im Mai 1866 — andere Quellen sagen im Dezember 1865 — in Pulaski, Tennessee gegründet. Die Mitglieder trugen groteske Verkleidungen und weiße Kapuzen, verbreiteten überall Furcht und Schrecken und beanspruchten, das „natürliche Recht", insbesondere gegenüber den Negern, aufrecht zu erhalten. Die Opfer des Ku-Klux-Klan waren in der Hauptsache Neger, zwischen 1882 und 1903 wurden in 15 Südstaaten ungefähr 2600 Menschen auf dem Wege dieser Selbstjustiz gelyncht, nur 600 von ihnen waren keine Neger[81]. Ein Beispiel für Lynchjustiz war der Fall Leo Frank in Atlanta, Georgia, der bis heute nicht vergessen ist. Frank, ein Jude aus Brooklyn, arbeitete in Atlanta und wurde 1913 angeklagt, ein 13 Jahre altes Mädchen vergewaltigt und getötet zu haben. Unter großem Druck der öffentlichen Meinung wurde Frank trotz einer sehr schwachen Beweislage für schuldig erklärt und zum Tode verurteilt. Das Urteil wurde später vom Gouverneur in lebenslange Freiheitsstrafe umgewandelt; ein bewaffneter Mob erzwang sich daraufhin

[78] München 1968.

[79] New York 1968.

[80] Hierzu *Gillette/Tillinger*, Inside Ku-Klux-Klan, New York 1965.

[81] Crime and Criminals, hrsg. von *Scott*, New York 1961, S. 219—220, siehe auch *v. Hentig*, The Criminal and His Victim, New Haven 1948, S. 214ff.

am 16. 8. 1915 gewaltsam den Eintritt in das Gefängnis, entführte Frank und hängte ihn auf. Ein Bild dieser Szene wurde noch 10 Jahre lang im Süden verkauft. Interessant ist ein Vergleich zwischen dem schreckerfüllten Gesicht des Photographen, der offensichtlich nicht zu dem Mob gehörte, und den zufriedenen Gesichtern der jugendlichen Mörder[82].

Einige Jahre später, 1921, hatte ein Pflanzer in Georgia von der Gefängnisverwaltung Neger als billige Arbeitskräfte ausgeliehen. Wer gegen Hungerlöhne und schwerste Plantagenarbeit aufmuckte, wurde wieder ins Zuchthaus eingeliefert. Als der FBI mit Ermittlungen begann, erschoß der Pflanzer Williams alle ihm unsicher erscheinenden Gefangenen, 14 Leichen wurden gefunden. Williams wurde zu lebenslänglichem Zuchthaus verurteilt, was in Georgia zu jener Zeit bedeutete, daß er nach 7 Jahren wieder freigelassen werden konnte[83]. *Ginzburg* hat in seinem Buch „100 Years of Lynchings"[84] eine erschütternde Liste von etwa 5000 Negern zusammengestellt, die in den USA seit 1859 der Selbstjustiz der Weißen zum Opfer gefallen sind. Die beigefügten Zeitungsberichte übersteigen manchmal das Maß des Erträglichen. Noch 1957 konnte es in Birmingham, Alabama geschehen, daß sechs Mitglieder des Ku-Klux-Klan einen ihnen völlig unbekannten Neger auf der Straße aufgriffen und ihm die Geschlechtsteile abschnitten. Ein Mitglied des Geheimbundes sollte durch diese Tat seine Befähigung zur Beförderung zum „Captain" beweisen. Alle sechs Täter hielten sich für durchschnittliche Amerikaner und gleichzeitig für etwas Besseres, weil sie Mitglieder des Ku-Klux-Klan waren. Alle waren Mitglieder protestantischer Kirchen, keiner von ihnen war jemals vorbestraft. Sie hatten auch vor der Tat keinen Alkohol zu sich genommen[85].

Seit 1960 wurden an farbigen und weißen Mitarbeitern der Bürgerrechtsbewegung etwa 25 Morde begangen. Die Wirkungsmöglichkeiten der Bundeskriminalpolizei sind gering[86]. Polizei und Justiz

[82] *Golden*, A Little Girl is Dead, New York 1967, S. 177. Lynchfälle in Minnesota siehe *Trenerry*, Murder in Minnesota, St. Paul 1962; Morde durch Mitglieder der „Black Legion" in Michigan in: Detroit Murders, hrsg. von *Hamer*, New York 1948, S. 159ff.

[83] *Arnau*, Das Auge des Gesetzes, Düsseldorf 1962, S. 226—227.

[84] New York 1962.

[85] *Huie*, Three Lifes for Mississippi, New York 1965, S. 18ff., siehe auch *Huie*, Kill-In, Wien 1968, das zwar ein Roman ist, aber nichts enthält, was nicht tatsächlich geschehen ist und ein Bild des amerikanischen Südens unserer Tage vermittelt.

[86] Siehe *Tully*, The FBI's Most Famous Cases, London 1968, S. 213ff., *Bochow*, FBI, München 1968, S. 10ff.

versagen auch heute noch im Süden häufig, und es ist für Staatsanwälte schwer, von einer Jury von Weißen einen Schuldspruch gegen Weiße zu erhalten, die Verbrechen an Negern begangen haben[87]. Ganz anders ist es, wenn die Täter Neger sind, die Verbrechen gegen Weiße begangen haben. Zwischen 1930 und 1964 wurden im gesamten Bereich der Vereinigten Staaten 455 Täter wegen Notzucht zum Tode verurteilt und hingerichtet. Von ihnen waren 48 Weiße und 405 Neger. Der Anteil der Negerbevölkerung an der Gesamtbevölkerung der USA liegt bei etwa 10 Prozent[88]. Martin Luther *King* berichtet von einem Fall in Montgomery, Alabama. Dort war ein 16jähriger Neger mit Namen Reeves wegen Vergewaltigung einer weißen Frau angeklagt worden. Man führte ihn in die Todeszelle und drohte ihm, er werde sofort hingerichtet, wenn er nicht ein Geständnis ablege. Dieses Geständnis widerrief er später und blieb 7 Jahre lang bei seinem Bestreiten. Der Fall wurde bis zum Supreme Court mehrfach verhandelt, schließlich wurde Reeves am 28. 3. 1958 hingerichtet. „Der Fall Reeves war typisch für die unterschiedliche Rechtsprechung bei den Gerichten der Südstaaten. Während Reeves im Gefängnis saß, waren auch mehrere weiße Männer wegen Vergewaltigung angeklagt worden. Ihre Anklägerinnen waren jedoch Negermädchen, und die Weißen wurden nur selten verhaftet. Wenn es wirklich einmal vorkam, wurden sie bald wieder vom Schwurgericht freigelassen, ohne daß eine Hauptverhandlung stattfand. So hatten die Neger der Südstaaten allen Grund, die Rechtsprechung des weißen Mannes zu fürchten und ihr zu mißtrauen[89]."

Man hat bis in unsere Zeit die Staaten des tiefen Südens eine geschlossene Gesellschaft genannt. Dies ist heute nicht mehr unbedingt der Fall. „Der Übergang der Herrschaft von einer selbstbewußt konservativen Schicht an die Vertreter des poor white thrash, der weißen Lumpenbourgeoisie, markiert auch das Ende der geschlossenen Gesellschaft[90]." *Silver* berichtet in seinem Buch über die gewaltsamen Auseinandersetzungen, die mit der Zulassung des Studenten Meredith an der Universität von Mississippi zusammenhingen. Zwei Menschen starben bei diesen Kämpfen, vier Jahre später wurde Meredith während eines Marsches der Bürgerrechtsbewegung von einem Weißen angeschossen.

[87] Hierzu *Middendorff*, Soziologie des Verbrechens a. a. O. S. 274ff., und *Patterson/Conrad*, Scottsboro Boy, New York 1962, *Huie*, Wolf Whistle, New York 1959, und *Huie*, Ruby McCollum, New York 1957.

[88] National Prisoner Statistics, No. 37, April 1964, S. 12.

[89] Freiheit!, München 1968, S. 29—30.

[90] *Silver*, Der Aufstand von Ole Miss, München 1966, S. 8.

Mit dem Zug der Neger nach Norden verlagerten sich auch die Auseinandersetzungen in andere Staaten der USA. Die Unruhen in den Negervierteln der großen Städte nahmen von Jahr zu Jahr an Intensität zu. 1964 kam es im New Yorker Negerviertel Harlem zu einem Aufstand, der 8 Tote und rund 500 Verletzte kostete. 1965 war das Negerviertel von Los Angeles, Watts, das Zentrum der Unruhen. Die Wiederherstellung der Ordnung kostete 34 Tote und rund 1000 Verletzte. 1967 schon mußten zum erstenmal seit 24 Jahren reguläre Truppen bei Negeraufständen eingesetzt werden. Nach dem Mord an Martin Luther *King* kam es in mehr als 50 Städten der USA zu Unruhen, die in wenigen Tagen 24 Tote und über 5000 Verletzte kosteten[91].

Militante Neger sammeln sich seit einigen Jahren in der Sekte der Black Muslims. Zu ihnen gehörte Malcolm X, der in New York am 21. 2. 1965 von drei Negern erschossen wurde[92]. Malcolm X nahm für die Neger das Recht auf Gewalttätigkeit in Anspruch, das nur bei den Weißen gleichbedeutend mit Heldentum sei[92a].

Noch neuer und noch radikaler ist die 1966 in Oakland, California gegründete Bewegung der Schwarzen Panther, die „Black Panther Party for Self-Defense". Die Bewegung breitete sich auch rasch auf andere Staaten aus.

Eine Forschergruppe der Universität Michigan besuchte 1968 die Unruhezentren von 1967, Detroit und Newark, und man interviewte einen repräsentativen Querschnitt der schwarzen Bevölkerung. Die Forscher kamen zu dem Ergebnis, die Unruhen seien in der fortschreitenden Aussperrung des Negers aus dem wirtschaftlichen und sozialen Leben Amerikas begründet, und die Unruhen häuften sich gerade jetzt, weil die jungen Neger heute selbstbewußter seien als ihre Väter[93]. Eine weitere Untersuchung von 24 Unruhen ergab, daß diese weder von schwarzer noch von weißer Seite organisiert, sondern spontan entstanden waren[93a].

Die Gangster

Für die Entwicklung der Kriminalität in den USA hat sich kaum ein Gesetz verhängnisvoller ausgewirkt als der Volstead-Act. Durch

[91] Martin Luther *King* a. a. O. S. 14—15.
[92] Siehe *Middendorff*, Der politische Mord a. a. O. S. 141ff.
[92a] *Baldwin*, Hundert Jahre Freiheit ohne Gleichberechtigung, Hamburg 1964, S. 69.
[93] Die Welt, 21. 9. 1968.
[93a] *Mattick*, Form and Content of Recent Riots, Midway, Sommer 1968, S. 3ff.

dieses Gesetz, das am 16. 1. 1920 in Kraft trat, wurden die USA trocken gelegt. Auch hier gilt das Wort von der mangelnden Phantasie des Gesetzgebers; Roscoe *Pound* hat in ähnlichem Sinne über den amerikanischen Gesetzgeber gesagt, es gäbe kaum eine Aufgabe, die mit weniger wissenschaftlichen oder ordnungsgemäßen Methoden durchgeführt werde als die Gesetzgebung[94].

Der wohl größte amerikanische Strafverteidiger, Clarence *Darrow*, schildert in seinen Lebenserinnerungen das Zustandekommen dieses Gesetzes und sagt, es sei absurd anzunehmen, ein so großes Land wie Amerika könne sich einer Minorität von Fanatikern beugen, die dem Lande vorschreiben wolle, was man essen und trinken solle oder nicht. Die Anhänger der Prohibition hätten ihre Kräfte zusammengefaßt, um die Freiheit des amerikanischen Bürgers zu beschränken, und diese Entwicklung hätte zu einer Herrschaft von Terror und Gewalt geführt, wie sie in der modernen Welt noch nie dagewesen sei. Mehr als zehn Jahre lang hätten sich Millionen von Menschen geweigert, diesem „fanatical law" zu gehorchen, „die Durchführung dieses Gesetzes hat mehr Menschenleben gefordert als die Durchsetzung aller anderen Bestimmungen des Strafgesetzbuches"[95].

Ein verhältnismäßig ungefährlicher Weg war es, über ein ärztliches Rezept an Alkohol zu kommen, so wurden in einem einzigen Jahr in den USA von 45000 Ärzten fast 14 Millionen Alkoholrezepte ausgestellt.

Beim Inkrafttreten der Prohibition erwarteten die Behörden, kein ehrenhafter Bürger würde sich der Gefahr aussetzen, verhaftet zu werden, weil er sich auf illegalem Wege Alkohol beschaffe. Man hatte deshalb im Kongreß nur 2 Millionen Dollar und die Anstellung von 1520 Überwachungsbeamten mit einem wöchentlichen Gehalt von 35 Dollar vorgesehen. Acht Jahre später berichtete die Regierung in einem Ausschuß des Kongresses, daß sie jährlich 300 Millionen Dollar aufwenden müsse, um das Prohibitionsgesetz durchzusetzen. 1931 berichtete die Wickersham-Kommission, daß schätzungsweise täglich in den USA 10 Millionen Dollar für geschmuggelten Alkohol ausgegeben würden. Die Gesamtausgaben für den vergeblichen Versuch, die Prohibition durchzusetzen, beliefen sich schätzungsweise auf 363 Millionen Dollar von seiten der Bundesregierung und 3 Milliarden Dollar von seiten der Staaten und Gemeinden[96].

[94] Crime and Delinquency, No. 4, 1964, S. 402.
[95] *Darrow*, The Story of My Life, New York 1960, S. 295, 291 und 298.
[96] *Lyle*. The Dry and Lawless Years, New York 1961, S. 45—46.

Das Risiko des Alkoholschmugglers war groß — nicht zuletzt war er stets in Gefahr, durch „Kollegen" beraubt zu werden[97] —, aber seine Gewinne waren entsprechend. Ein Kasten Whisky, der etwa 15 Dollar kostete, wurde für 70 bis 80 Dollar verkauft. Bier, für 3 Dollar eingekauft, brachte rund 60 Dollar. Die wenigen schlechtbezahlten Polizeibeamten wurden durch die Alkoholschmuggler zum großen Teil bestochen; in einem Bericht von 40 Staatsanwälten wurde 1925 empfohlen, die gesamte Gruppe der „Prohibitionsagenten" zu entlassen und durch sorgfältig ausgewählte andere Beamte zu ersetzen. In einer Dienststelle in New Jersey nahmen alle außer drei Beamten Bestechungsgelder, und ihr Chef klagte, man könne eine Armee nicht in die Schlacht führen, wenn die Mehrzahl der Soldaten im Solde des Feindes stehe[98].

Die Prohibition war die Stunde des amerikanischen Gangstertums, *v. Hentig* verglich den Gangster mit dem Desperado, auch der Gangster entwickele sich in Grenzgebieten und lebe von der Landesgrenze, der Staatengrenze und der Grenze zwischen Slum und City, „mehr noch denn je ist er ein Phänomen der großen Stadt, die ihn viel sicherer als der dichte Wald verbirgt". Den Kern der Gangster-Banden bildeten Iren, Juden und Italiener.

Der Gangster stützte seine Macht auf Terror und vertraute, meist nicht zu Unrecht, auf Anfälligkeit, Schlechtigkeit und Feigheit der Menschen[99]. *McNamara* schreibt zur Erklärung des Phänomens des Gangstertums, das Maß von Toleranz, das man in den USA dem Verbrechen entgegenbringe, sei höher als in jedem anderen Teil der zivilisierten Welt. „Die Macht des organisierten Verbrechertums in einigen unserer großen Städte ist phantastisch; die Unwirksamkeit der Polizei beruht zum Teil auf schlechter Organisation und schlechtem Personal, zum größeren Teil aber auf dem Mangel an Unterstützung durch das Volk, das sich der Durchführung von Gesetzen, die als schlecht angesehen werden, widersetzt[100]."

Eine Besonderheit des Gangstertums waren und sind die Lohnmörder oder, wie *v. Hentig* sie nennt, die „fachlichen Töter" (im Volksmund die Killer), die es früher auch schon an der „Grenze" gegeben hatte[101]. Man weiß heute, daß ein großer Teil unaufgeklärter

[97] *Exner*, Kriminalistischer Bericht über eine Reise nach Amerika, Berlin 1935, S. 11.

[98] *Whitehead*, The FBI Story, New York 1958, S. 100.

[99] *v. Hentig*, Der Gangster, Berlin 1959, S. 2ff., 4 und 8—9.

[100] a. a. O. S. 6.

[101] Siehe *v. Hentig* ,Der Gangster a. a. O. S. 99ff., und: Der Desperado a. a. O. S. 157

Morde auf wenige gedungene Killer zurückzuführen ist. So erschoß der „Pittsburg-Phil" genannte Gangster mehr als 30 Menschen in mehr als einem Dutzend Städten[102].

An der Spitze aller von Gangstern beherrschten Städte stand Chicago; Judge *Lyle* hat in seinem schon erwähnten Buch die Geschichte dieser Jahre beschrieben[103]. Unbestrittener Führer der Gangster von Chicago war zu seiner Zeit Al Capone, der 1927 ein geschätztes jährliches Einkommen von 110 Millionen Dollar hatte, davon 60 Millionen aus Alkoholherstellung und Schmuggel, 25 Millionen aus Spielhöllen und verbotenen Wetten, 10 Millionen Dollar aus Prostitution und 15 Millionen Dollar aus Gewerkschaftsmachenschaften[104]. Auf dem Höhepunkt ihrer Macht sollen die Gangster von Chicago jährlich mehr als 300 Millionen Dollar verdient haben[105].

Bei den Auseinandersetzungen zwischen gegnerischen Banden wurden in Chicago 1924 50 Menschen erschossen. Von 530 Gangstermorden führten nur zwei zu Verurteilungen. Während der gesamten Zeit der Prohibition wurde selten ein Gangster zum Tode verurteilt, niemals aber einer hingerichtet[106]. Allein in 30 Monaten in den Jahren 1924—26 wurden in Groß-Chicago 92 Gangstermorde registriert, 90 Prozent von ihnen blieben unaufgeklärt[107]. Die Behörden trösteten sich mit der makabren Feststellung, wenn man nur lange genug warte, würden sich die Gangster alle gegenseitig umbringen[108].

Den Höhepunkt der Bandenkämpfe bildete das Massaker am Valentinstag (14. 2.) 1929. In einer Garage wurden von falschen Polizisten und von Zivilisten sieben Mitglieder der Moran-Bande an die Wand gestellt und mit dem „Chicago Typewriter", d. h. mit Maschinenpistolen, erschossen. Das Verbrechen wurde niemals aufgeklärt[109]. Die Herrschaft der Gangster ging so weit, daß sie durch offizielle Verträge oder Friedensschlüsse territoriale Abgrenzungen vornahmen, sich aber an diese Friedensschlüsse genau so wenig hielten, wie dies auch Staaten zu tun pflegen[110].

[102] *Turkus/Feder*, Murder Inc., New York 1960, S. 6.
[103] Siehe auch *Ashbury*, The Chicago Underworld, New York o. J., und *Ness/Fraley*, The Untouchables, London 1960.
[104] *Lyle* a. a. O. S. 92.
[105] *Whitehead* a. a. O. S. 98.
[106] *Lyle* a. a. O. S. 50, 124 und 165.
[107] *Whitehead* a. a. O. S. 100.
[108] *Lyle* a. a. O. S. 91.
[109] Dichterische Gestaltung von *O'Hara*, The St. Valentine's Day Massacre, New York 1967.
[110] *v. Hentig*, Der Friedensschluß, Stuttgart 1952, S. 16—17.

Es ist selbstverständlich, daß die Gangster nur so ungestört operieren konnten, weil Polizei und Behörden durch Korruption ausgeschaltet waren[111]. Auch die führenden Politiker wurden bestochen, oder man versuchte dies zum mindesten. So stiftete der Gangster Torrio 250000 Dollar für den Wahlkampf des Oberbürgermeisters Thompson in Chicago. Auch der Sheriff von Cook County, Chicago, hatte Bestechungsgelder erhalten, Wahlen wurden auch durch brutale Einschüchterung der Wähler beeinflußt. Für den heutigen Betrachter ist es kaum glaublich, daß im Herbst 1928 vor einer Wahl des Präsidenten der USA ein ehrenwerter, alter Politiker in Chicago Al Capone bat, für eine ordnungsgemäße Durchführung der Wahl zu sorgen. Al Capone antwortete: „Ich werde Polizeibeamte und Streifenwagen in der Nacht vor der Wahl ausschicken, und sie werden die Gauner unter Kontrolle halten, bis die Wahl vorüber ist." Und so geschah es auch[112].

Al Capone wurde schließlich nicht durch die Justiz von Chicago, sondern durch ein Bundesgericht zur Strecke gebracht und wegen Steuerhinterziehung zu 11 Jahren Freiheitsentzug verurteilt. Nach seiner Entlassung war er ein kranker und gebrochener Mann[113].

Von 1959 bis zum Sommer 1962 gab es in Chicago 46 Gangstermorde, von denen viele durch Berufsmörder durchgeführt wurden, die in einem Vertragsverhältnis standen. Das normale Honorar für einen Mord in Chicago lag bei 1000 Dollar[114].

In New York war einer der führenden Gangster Albert Anastasia, der seit 1920 etwa 30 Morde angeordnet oder persönlich ausgeführt haben soll, es wurde ihm aber nie ein Mord nachgewiesen. Er endete schließlich, wie die meisten Gangster, durch Mord[115].

Von den zahlreichen reisenden Gangstern der Zeit zwischen den beiden Weltkriegen seien Bonnie Parker und Clyde Barrow genannt. Beide waren hemmungslose Killer und zwar so unmenschlich, daß sie selbst von der Unterwelt ausgestoßen und verachtet waren. Man schreibt ihnen 13 Morde, meist im Zusammenhang mit Bankräubereien, zu. Sie wurden schließlich in einem Hinterhalt von Polizei ohne Warnung mit Salven erschossen. Im Film und in der Ballade leben sie idealisiert und glorifiziert weiter[116].

[111] *Lyle* a. a. O. S. 34.

[112] *Lyle* a. a. O. S. 185—186.

[113] *Lyle* a. a. O. S. 262ff.

[114] *Wyden*, The Hired Killers, New York 1964, S. 173ff.

[115] *Turkus/Feder* a. a. O. S. 400, siehe für New York auch *Grey*, Portrait of a Mobster, New York 1958, und *Grey*, The Hoods, New York 1959.

[116] Siehe *Burt*, American Murder Ballad, New York 1964, S. 212ff.

Zwischen Gangstern und der Organisation der Mafia bestanden und bestehen enge Verbindungen, *Reid* hat die Geschichte der Mafia aufgezeichnet[117]. Kriminologen wie *Reckless* haben die Existenz einer derartigen Verbrecherorganisation bestritten und die Angaben von *Reid* in Zweifel gezogen[118], nach den Angaben *Anslingers*, des Leiters des Bundesbüros für Rauschgiftangelegenheiten, ist aber an der Existenz und der Tätigkeit der Mafia nicht zu zweifeln[119]. Für viele Jahre hat die Mafia die Einfuhr und Verteilung von Rauschgift in den USA kontrolliert und beherrscht[120]. Wer sich den Anordnungen der Organisationen und den Verhaltungsmaßregeln der Mafia nicht anpaßte, wurde in einer Art Gerichtsverfahren zum Tode verurteilt und durch Killer „hingerichtet"[121].

Anslinger hat auch für ein anderes wichtiges Buch über die Mafia das Vorwort geschrieben und nennt die Mafia eine Organisation mit Disziplin und Zusammenhalt, ihre Mitglieder seien keine gewöhnlichen Gauner, sondern gefährlichere und ernstzunehmendere[122].

In New Orleans existierten Mafia- und Gangster-Organisationen schon in den achtziger und neunziger Jahren des vorigen Jahrhunderts, und die Gegner bekämpften sich in einer Art Blutrache. Am 15. 10. 1890 wurde der Polizeichef von New Orleans, Hennessy, auf offener Straße erschossen. 21 Italiener wurden im folgenden Monat verhaftet, 9 von ihnen wegen Mordes oder Beihilfe zum Mord vor Gericht gestellt. Als sich in der Bevölkerung die Nachricht verbreitete, die Jury werde wohl nicht zu einer Verurteilung kommen, weil einige ihrer Mitglieder bestochen seien, wurde das Gefängnis gestürmt, und elf Italiener wurden getötet[123].

Vom Mai 1950 bis Mai 1951 versuchte ein Senatsausschuß unter Leitung des Senators *Kefauver*, die Zusammenhänge des organisierten Verbrechertums in den USA zu erforschen; es war für die Millionen von Zuschauern an den Fernsehschirmen ein deprimierendes Schauspiel, wenn ein Gangster nach dem anderen, der vorgeladen war, auf alle Fragen stereotyp das Recht in Anspruch nahm, die Aussage

[117] Mafia, New York 1958.

[118] Die Kriminalität in den USA und ihre Behandlung, Berlin 1964, S. 88—89.

[119] The Murderers, New York 1961, S. 7—9.

[120] *Anslinger* a. a. O. S. 88.

[121] *Anslinger* a. a. O. S. 77—78.

[122] *Sondern*, Brotherhood of Evil, New York 1960, S. IX, für New York siehe auch *LeBrun* a. a. O. S. 90ff., und *Martin*, Revolt in the Mafia, New York 1963.

[123] *Asbury*, The French Quarter, New York 1966, S. 308—314, *Lyle* a. a. O. S. 35, und *Tallant*, Ready to Hang, New York 1952, S. 90ff.

zu verweigern, was ihm als freier Bürger der USA zusteht[124]. *Turkus* und *Feder* erkennen an, daß Senator *Kefauver* sein Bestes versucht habe, daß es ihm aber tatsächlich nicht gelungen sei, in die inneren Geheimnisse der Mafia und der Mörderorganisationen in den USA vorzudringen. Es sei tatsächlich nur ein kleiner Teil des gesamten Bildes enthüllt worden[125], die nationale Mörderorganisation aber sei eine Realität[126]. In einem anderen Ausschuß versuchte Senator Robert *Kennedy* mit viel Mut, die Wahrheit zu erforschen, aber auch ihm gelang es nur bruchstückhaft[127]. Auch *Kennedy* klagt über die Korruption, die vor keiner Organisation und keiner Behörde haltmacht und auch die Gewerkschaften mit einem feinen Netz überzogen hat. „Premierminister Chruschtschow hat gesagt, wir seien eine sterbende, dekadente Gesellschaft. Das ist noch nicht wahr, weil er es sagt; aber daß Korruption und Unehrenhaftigkeit und psychische und moralische Aufweichung in diesem Lande weit verbreitet sind, daran kann kein Zweifel bestehen[128]." Ein eklatantes Beispiel für diese Aufweichung und für die übertriebene Betonung der Freiheit und Rechte des einzelnen bringen *Turkus* und *Feder* anhand einer Aufzählung der Daten über das Strafverfahren gegen den Gangster Lepke[129].

1967 stellte ein Bericht einer von Präsident Johnson eingesetzten Kommission zur Untersuchung des organisierten Verbrechertums fest, die Gefahr, daß die Syndikate die Kontrolle über die Wirtschaft übernehmen, sei nach wie vor vorhanden. Die Einbrüche in Polizei und Verwaltung seien überall festzustellen. In demselben Jahre veröffentlichte eine Bürgerorganisation in Chicago zum erstenmal eine Liste prominenter Gangster und ihrer Arbeitsgebiete und stellte fest: „Die Führer der Verbrechersyndikate sind gegenüber einer Strafverfolgung fast immun, besonders auf dem Gebiet des Glücksspiels." Die Gewinne des Verbrechersyndikats La Cosa Nostra wurden 1967 auf 6—7 Milliarden Dollar geschätzt, diese Summe kam zusammen durch Glücksspiel, Wucher, Rauschgifthandel und Zuhälterei[129a]. Ein prominentes Mitglied der Cosa-Nostra-Bande, Joseph Valachi, brach

[124] Siehe *Kefauver*, Crime in America, Garden City 1951.
[125] a. a. O. S. 368 und 378.
[126] a. a. O. S. XIV.
[127] Siehe sein Buch „The Enemy Within", New York 1960, und *Bochow* a. a. O. S. 43ff.
[128] a. a. O. S. 306. Siehe auch: Combating Organized Crime, The Annals, Mai 1963.
[129] a. a. O. S. 356ff.
[129a] Siehe *v. Hentig*, Die ökonomischen Aspekte des Verbrechens, in: Homenaje al P. Julian Pereda S. J., Bilbao 1965, S. 729.

das unter Gangstern übliche Schweigen und machte detaillierte Angaben über die Organisation der Cosa Nostra, worauf diese einen Preis von 100000 Dollar auf seinen Kopf setzte[129b]. Selten findet die Polizei sonst Zeugen, die bereit sind, gegen Gangster auszusagen, es muß 1968 ein makabres Schauspiel gewesen sein, als Zeugen und Zeuginnen vor einem Senatsausschuß in Washington Kapuzen trugen, die nur Augen, Nase und Mund freiließen. Es ist bis heute den Behörden der USA nicht möglich, für die Sicherheit dieser Zeugen zu bürgen.

Die politischen Morde

Die USA haben im Laufe ihrer verhältnismäßig kurzen Geschichte mehr Staatsoberhäupter und prominente Politiker durch Mord verloren als jedes andere westliche demokratische Land[130]. Der erste Anschlag auf einen amerikanischen Präsidenten war der auf Andrew Jackson am 30. 1. 1835 in Washington. Jackson war als Politiker umstritten, die Opposition sparte nicht mit handfesten Beschuldigungen und Beschimpfungen, und selbst Senatoren sprachen im Kongreß von ihm wie von einem ausländischen Tyrannen. Es war diese Atmosphäre des Hasses, die den Anstreicher Richard Lawrence zu seinem Plan bewog oder ihn bestärkte. Nach unseren heutigen Begriffen war Lawrence wohl aufgrund erblicher Belastungen unzurechnungsfähig. Er wollte Präsident Jackson in Gegenwart möglichst vieler Zuschauer erschießen, schoß auch mit zwei Pistolen auf ihn, aber beide Pistolen versagten.

Nach Abraham Lincoln wurde Präsident Garfield am 2. 7. 1881 von dem 39jährigen, wahrscheinlich ebenfalls unzurechnungsfähigen Charles Guiteau im Bahnhofsgebäude in Washington erschossen. Auch der 28jährige Anarchist Leon Czolgosz, der am 6. 9. 1901 in einer Musikhalle in Buffalo Präsident McKinley erschoß, war wahrscheinlich unzurechnungsfähig, er wurde, ebenso wie Guiteau, hingerichtet. Der Mordanschlag auf Präsident Theodore Roosevelt am 14. 10. 1912 in Milwaukee mißlang, der Präsident wurde nur verletzt, der Attentäter John Schrank wurde in eine Irrenanstalt eingewiesen. Auch Präsident Franklin D. Roosevelt überstand am 15. 2. 1933 in Miami ein Attentat, der neben ihm sitzende Bürgermeister von Chicago, Czermak, wurde tödlich verletzt. *Lyle* meint, Czermak sei das eigentliche Ziel des Mordanschlags gewesen, der Attentäter sei von

[129b] Siehe *Bochow* a. a. O. S. 54ff., und *Kennedy*, Bekenntnis zur Gerechtigkeit, München 1969, S. 46ff.

[130] Hierzu *Middendorff*, Der politische Mord a. a. O. S. 120ff., und *Macdonald*, The Murderer and his Victim, Springfield, Ill. 1961, S. 49ff.

der Capone-Bande gedungen gewesen[131]. Der Attentäter Zangara wurde hingerichtet.

Ein weiteres Opfer eines politischen Mordes war der Senator, Gouverneur und Diktator von Louisiana, Huey P. Long, der am 8. 9. 1935 erschossen wurde. Die Herrschaft seiner Clique war damit noch nicht gebrochen, erst als 18 führende Politiker von Bundesgerichten wegen Einkommensteuerhinterziehung zu Freiheitsstrafen verurteilt wurden, konnte die Bevölkerung von Louisiana wieder aufatmen.

Die Atmosphäre des Hasses, die in Texas und insbesondere in Dallas herrschte und der Präsident Kennedy zum Opfer fiel, ist schon zu häufig beschrieben worden, als daß sie noch besonders geschildert werden müßte. Die deutsche Fassung des Berichtes der Warren-Kommission, die die Hintergründe des Mordes an Präsident Kennedy untersuchte, wurde von Robert *M. W. Kempner* herausgegeben, der meint, die persönliche Gefahr, die ein Präsident der Vereinigten Staaten auf sich nehme, sei der Preis der Demokratie[132]. Diese Gefahr ist inzwischen noch größer, der Preis ist noch höher geworden. Im April 1968 wurde der Negerführer Martin Luther King in Memphis, Tennessee erschossen, und am 5. 6. 1968 fiel in Los Angeles Senator Robert Kennedy den Schüssen des eingewanderten Jordaniers Sirhan Bishara Sirhan zum Opfer[133].

Auf der Grenze zwischen politischem und gemeinem Mord liegen die Fälle, in denen ein Teilnehmer an einem Duell den Tod fand. Das berühmteste Duell in der amerikanischen Geschichte war das zwischen dem Vizepräsidenten Aaron Burr und Alexander Hamilton am 11. 7. 1804. Hamilton wurde hierbei tödlich verwundet und starb am nächsten Tage. Man dachte daran, Burr wegen Mordes anzuklagen, und er war gezwungen, New York zu verlassen[134]. Ein weitere berühmtes Duell war das zwischen Mason, einem früheren Senator für Virginia, und seinem Vetter im Jahre 1819. Mason wurde getötet.

Andrew Jackson war ein sehr streitlustiger Mann und war viermal an Schießereien beteiligt. Zweimal wurde er dabei selbst ernstlich verwundet, einmal tötete er seinen Gegner. Anlaß der Streitigkeiten waren unfreundliche Bemerkungen über Mrs. Jackson, von der man sagte, sie habe mit ihrem Mann in Bigamie gelebt. „Wenn er in seinem

[131] a. a. O. S. 267.

[132] *Zentner*, ... Den Dolch im Gewande, München 1968, S. 211, und *Cottrell*, Assassination!, London 1964, S. 52ff.

[133] Siehe: Das zweite Attentat, hrsg. von *Norden*, München 1968.

[134] Siehe *Tracy*, Nine famous trials, New York 1960, S. 12—13, und *Schachner*, Aaron Burr, New York 1961, S. 254ff.

Leben nicht noch mehr Duelle ausgefochten hat, so lag das nicht an seiner Unlust, sie zu provozieren." Zu seiner Zeit war die Verachtung der Amerikaner für das Gesetz sprichwörtlich, und die Zahl der Morde war in New York auf die Bevölkerungszahl umgerechnet zehnmal größer als in London. Andrew Jackson war auch sonst nicht zimperlich, einen meuternden Soldaten ließ er sofort erschießen, eine meuternde Abteilung von 200 Mann stellte er vor ein Kriegsgericht und sorgte dafür, daß 6 Mann erschossen wurden[135]. Gegenüber den Indianern kannte er „weder Toleranz noch Geduld"[135a].

Die Kriminalität des gemeinen Mordes

Nach den historischen Ausführungen mit den vielen Beispielen von Gewalttätigkeit liegt der Schluß nahe, daß heute die USA eine hohe Mordkriminalität aufweisen. Die Klagen über die Kriminalität ganz allgemein sind in den USA sehr häufig. So heißt es in der Einleitung des Berichtes der von Präsident Johnson eingesetzten Kommission vom Februar 1967: „Es gibt viel Verbrechen in Amerika, mehr als je zuvor berichtet wurde. Viel mehr, als je aufgeklärt wurde und viel zu viel für die Gesundheit der Nation. ... Einige zweifeln den Wert einer Gesellschaft an, in der so viele Menschen Straftaten begehen, andere sind mißtrauisch geworden und zweifeln, ob die Regierung fähig ist oder es überhaupt wünscht, die Bürger zu beschützen. Wieder andere sind der Ansicht, daß kriminelles Verhalten normales menschliches Verhalten ist und sind infolgedessen indifferent geworden oder haben dieses Verhalten übernommen, weil es nützlich ist, im Leben voranzukommen[136]." Der Kriminologieprofessor *Lohman* von der University of California in Berkeley sagte auf dem 17. Intern ationalen Lehrgang ür Kriminologie 1967 in Montréal, es sei wahr, daß die Verbrechenszahlen in den USA einen Stand erreichen, „an dem Gesetz und Ordnung beginnen können niederzubrechen, ebenso wie in den Zeiten der amerikanischen Westgrenze. ... Es ist offensichtlich, daß die ansteigende Gesetzlosigkeit nur ein äußeres Symptom einer tiefliegenden malaise ist." Der Direktor des FBI, John E. *Hoover*, sprach ebenfalls von dem alarmierenden Ansteigen der Verbrechen, es sei erschreckend, daß viele Leute, selbst in verantwortlichen Stellungen, diese Tatsache leugnen und ihre Augen

[135] *Bruce* a. a. O. S. 214 und 244ff., siehe auch *Stone*, The President's Lady, New York 1968.

[135a] *Mittler* a. a. O. S. 105.

[136] The Challenge of Crime in a Free Society, Washington D. C. 1967, S. 1.

schließen. Von 1960 bis 1967 stieg die Bevölkerung der USA um ungefähr 10 Prozent, die Zahl schwerer Verbrechen stieg dagegen um 88 Prozent[137]. Im Staat Kalifornien stieg die Zahl der Gewaltverbrechen gegen die Person von 37686 im Jahre 1960 auf 57763 1966, die Kriminalitätsziffer stieg um 23,5 Prozent in diesem Zeitraum[138].

In der Bevölkerung ist die Furcht vor Verbrechen weit verbreitet, nach dem Bericht der Kommission des Präsidenten war es vielleicht eines der wichtigsten Ergebnisse der Untersuchung, daß Teile der Bevölkerung, so z. B. fünf von acht Befragten in gewissen Bezirken von Boston und Chicago, aus Furcht vor Verbrechen ihre Lebensgewohnheiten geändert hatten. 43 Prozent der Befragten gingen nachts überhaupt nicht mehr auf die Straße, 35 Prozent sagten, sie würden nie mehr mit Fremden sprechen[139]. Diese Furcht gründet sich vor allem auf spektakuläre Massenmorde, die von den Massenmedien entsprechend ausgeschlachtet werden. So hatte beispielsweise 1966 Charles Whitman seine Frau und seine Mutter ermordet und dann vom Turmhaus der Universität in Austin, Texas weitere 14 Personen erschossen und 30 verletzt[139a]. Das Phänomen des Massenmordes ist in den USA nicht neu, schon früher hatte es „unzählige Fälle von Massenmord" gegeben[140].

Es fragt sich, was die Zahlen der Statistik über die Mordkriminalität in den USA aussagen. An anderer Stelle habe ich früher gezeigt, daß die Amerikaner selbst ihren Statistiken nur wenig trauen und daß die objektiven Schwierigkeiten schon darin liegen, daß jeder Staat sein eigenes Strafgesetzbuch und damit seine eigenen Definitionen bezüglich der verschiedenen Verbrechen hat. Es muß auch hervorgehoben werden, daß man in Amerika sehr selbstkritisch ist und daher eher dazu neigt, zu übertreiben statt zu verkleinern[141].

Auf der anderen Seite kann kein Zweifel daran bestehen, daß die Dunkelziffer auch beim Mord „enorm" ist[142]. An anderer Stelle zitiert *v. Hentig* eine englische Untersuchung, wonach sich 80 Prozent aller Mörder in Freiheit befinden, 15 Prozent in Heilanstalten und

[137] FBI Law Enforcement Bulletin, Juni 1968, S. 1.

[138] Crime and Delinquency in California, 1966, Sacramento 1967, S. 27.

[139] The Challenge of Crime ..., a. a. O. S. 51.

[139a] Siehe auch *Altman/Ziporyn*, Born to Raise Hell, New York 1967 (Fall Speck), und *Frank*, Der Würger von Boston, Wien 1967.

[140] *Teeters/Hedblom* a. a. O. S. 190ff.

[141] *Middendorff*, Das Verbrechen in der amerikanischen Kriminalstatistik, Kriminalistik, März 1961, S. 100—101.

[142] *v. Hentig*, Die unbekannte Straftat, Berlin 1964, S. 117.

nur 5 Prozent in Strafanstalten[143]. Es ist anzunehmen, daß die amerikanische Dunkelziffer sicher nicht kleiner ist als die englische. Für die Bundesrepublik gibt *Wehner* für die Tötungsdelikte eine Dunkelziffer von 1:3 bis 1:6 an[144].

Aus dem Jahresbericht des FBI für 1967 ergibt sich, daß in diesem Jahr etwa 12090 vorsätzliche Tötungen in den USA begangen wurden. Gegenüber 1966 bedeutet das ein Ansteigen um 1170 Fälle (11%), das stärkste Ansteigen in den Jahren nach 1960 (insgesamt 34%). Die Kriminalitätsziffer betrug 1967 6,1 gegenüber 5,6 1966. In über 63 Prozent aller Fälle wurde 1967 eine Schußwaffe benutzt. In diesen Zahlen sind keine Tötungsversuche enthalten[145]. Das erste Halbjahr 1968 brachte ein Ansteigen der Zahl der vorsätzlichen Tötungen von 17 Prozent gegenüber dem ersten Halbjahr 1967.

Ein Vergleich mit der Statistik des BKA für 1967 ergibt, daß in der Bundesrepublik in diesem Jahre 599 Fälle gelungenen und 1309 Fälle versuchten Mordes und Totschlags gemeldet wurden. Die Häufigkeitsziffer oder Kriminalitätsziffer, in der versuchte und vollendete Taten zusammen aufgeführt wurden, betrug 1967 3[146]. Um einen Vergleich mit den USA ziehen zu können, müssen hiervon die versuchten Taten abgezogen werden, so daß sich etwa ein Verhältnis Bundesrepublik zu den USA wie 1:4 ergibt.

Es ist aber zu berücksichtigen, daß es in den USA starke regionale Verschiedenheiten gibt. Aufgrund der Unterlagen des FBI wurden für die Jahre 1946 bis 1952 die Kriminalitätsziffern für Stadtbezirke ermittelt und zwar für alle Staaten der USA. Für Mord und Totschlag ergab sich so für North Dakota 0,35, New Hampshire 0,78, Vermont 0,88, für Tennessee dagegen 17,10, Alabama 20,14 und Georgia 21,35[147]. *Clinard* hat auf weitere regionale Verschiedenheiten der Tötungskriminalität hingewiesen, so wurden in Houston, Texas über 87 Prozent aller Morde in vier kleinen Bezirken in der Nähe der Stadtmitte begangen[148]. *Macdonald* erwähnt das ungeschriebene Gesetz des Südens, das von einem Mann verlangt, denjenigen zu töten, der seine

[143] Crime, Causes and Conditions, New York 1947, S. 197, siehe auch *Wurmser*, Raubmörder und Räuber, Hamburg 1959, S. 54.

[144] Die Latenz der Straftaten, BKA, Wiesbaden 1957, S. 89.

[145] Crime in the United States, Uniform Crime Reports 1967, Washington D. C. 1968, S. 5—7.

[146] Polizeiliche Kriminalstatistik 1967, BKA, Wiesbaden 1968, S. 94—95 und S. 14.

[147] Nachweise bei *Middendorff*, Soziologie des Verbrechens a. a. O. S. 304.

[148] Sociology of Deviant Behavior, 3. Aufl., New York 1968, S. 260.

Frau verführt hat. In diesen Fällen verlangt es der Druck der öffentlichen Meinung, daß der betrogene Mann sich blutig rächt[149].

Für das Jahr 1967 sind ebenfalls beträchtliche regionale Unterschiede festzustellen, die geringste Kriminalitätsziffer hat North Dakota mit 0,2 (im ganzen Jahr wurde nur ein einziger Mord gemeldet), die höchste hat Alabama mit 11,7. Maine hat 0,4, Neu-England im ganzen 2,4, der Süden im ganzen dagegen 9,4[150]. 1967 wurden 76 Polizeibeamte im Dienst erschossen, der Durchschnitt der Jahre 1960 bis 1966 hatte 48 betragen.

Die Unsicherheit auf den Straßen der amerikanischen Städte erscheint nicht ganz so groß, wenn man nicht nur die einfachen Zahlen der Statistik betrachtet, sondern die Beziehungen zwischen Täter und Opfer untersucht. Ein großer Teil der Täter war mit dem Opfer verwandt oder bekannt, über 28 Prozent aller Tötungsdelikte geschahen innerhalb der Familie[151]. In der New York Times vom 5. 7. 1968 findet sich ein Vergleich der Tötungsdelikte in New York und London, danach wurden in New York Schußwaffen siebenmal mehr benutzt als in London[151a].

Ein Vergleich der Tötungskriminalität der USA mit der Kanadas ergibt, daß dort die Kriminalitätsziffer 1967 nur 1,6 betrug, es wurden 276 Fälle vorsätzlicher Tötung gemeldet. 1966 waren es 220 gewesen mit einer Kriminalitätsziffer von 1,3[152].

Holle hat die Häufigkeitsziffern für europäische Länder für 1964 zusammengestellt, an der Spitze stehen die Niederlande mit 2,9, es folgt Frankreich mit 2,8 und die Bundesrepublik mit 2,7. Die niedrigsten Ziffern haben England mit 1,0 und Dänemark mit 0,9, es muß aber betont werden, daß in diesen Ziffern die Versuche mit enthalten sind[153].

In anderen Ländern des amerikanischen Kontinents ist dagegen die Mordkriminalität noch höher als in den USA, in Kolumbien hat die Welle der Gewalttaten, „La Violencia", die 1948 mit der Ermor-

149 a. a. O. S. 8, siehe auch *Teeters/Hedblom* a. a. O. S. 361 ff.

150 Über den Einfluß des Klimas siehe das Stichwort „Natürliche Umwelt" in: Handwörterbuch der Kriminologie, 2. Aufl., Bd. II, Berlin 1967, S. 240 ff.

151 Crime in the United States a. a. O. S. 62 ff. und S. 8, siehe auch: The Challenge of Crime . . . a. a. O. S. 39.

151a Über die Entwicklung der Mordkriminalität in England siehe: *Morris-Blom-Cooper*, A Calendar of Murder, London 1964.

152 Dominian Bureau of Statistics, April 1968, S. 3.

153 Die Kriminalität in der Bundesrepublik Deutschland, BKA, Wiesbaden 1968, S. 18, siehe auch *Macdonald* a. a. O. S. 6.

dung eines bekannten Politikers begann, in sieben Jahren etwa 300000 Opfer gefordert[154].

Eine Sonderform des amerikanischen Verbrechens ist das kidnaping, die Entführung von Kindern (manchmal auch Erwachsenen) zu Erpressungszwecken[155], beginnend mit der Entführung des Kindes Charley Ross 1874 in Germantown bei Philadelphia[156]. *v. Hentig* weist auf die italienische Herkunft dieses Verbrechens hin, kidnaper hießen aber früher auch die Leute, die in England Kinder für die amerikanischen Plantagen stahlen[157]. Während die entführten alten, reichen Männer meist unversehrt zurückkehren, kommt es bis in die Gegenwart häufig vor, daß die entführten Kinder von den Erpressern ermordet werden. Der berühmteste Fall war der des Lindbergh-Baby's[158].

Typisch für ein derartiges Verbrechen ist die Entführung des Kindes Weinberger. Am 4. 7. 1956 sah der Täter LaMarca die Mutter des Kindes mit dem Kinderwagen nach Hause kommen. Als die Mutter den Kinderwagen vor dem Hause stehen ließ, nahm der Täter das Kind heraus, kritzelte schnell einen Zettel mit der Lösegeldforderung und verschwand. Am folgenden Tage kam er an den von ihm bezeichneten Ort und hatte das Kind im Wagen liegen, erschrak dann aber durch die Ansammlung zu vieler Menschen in der Umgebung und fuhr weg. Außerhalb des Ortes warf er das Kind ins Gebüsch, wo es viel später tot aufgefunden wurde. Der Täter wurde mit Hilfe des von ihm geschriebenen Zettels nach langwierigen Ermittlungen verhaftet, er hatte zu dieser Zeit gerade Schulden gehabt und wollte deshalb die Mutter erpressen. Er wurde zum Tode verurteilt und hingerichtet[159].

Eines der höchsten Lösegelder wurde in der Nähe von Kansas City für das entführte und sofort ermordete Kind Bobby Greenlease im Jahre 1953 bezahlt. Es waren 600000 Dollar, die 85 Pfund wogen. Die Entführer Carl Hall und Bonnie Brown Heady wurden zum Tode verurteilt und hingerichtet. „Von den 600000 Dollar verschwanden

[154] *Lartéguy*, Guerillas oder der vierte Tod des Che Guevara, Gütersloh 1968, S. 175, und *Mueller*, Die Gewalttätigen, München 1968, S. 206ff.

[155] Siehe *Exner* a. a. O. S. 7ff., *Teeters/Hedblom* a. a. O. S. 329ff.

[156] Todesurteil, Der neue Pitaval, München 1964, S. 71ff.

[157] *v. Hentig*, Der Gangster a. a. O. S. 86ff.

[158] Hierzu *Waller*, Kidnap, New York 1962, und *Demaris*, The Lindbergh Kidnaping Case, Derby, Connecticut 1961, und *Sparrow*, The Great Abductors, London 1964, S. 157ff.

[159] *Tully* a. a. O. S. 41ff., sowie den Fall S. 59ff.

301960 Dollar, bevor sie auf der Wache von Beamten abgeliefert waren[160]."

Hervorgerufen durch die große Erregung, die die Bevölkerung in den USA bei Fällen von erpresserischem Kindesraub immer ergreift, wurde in Kalifornien das sogenannte „Little Lindbergh Law" erlassen, das die Todesstrafe für Entführung vorsah; Entführung war schon gegeben, wenn eine Person gezwungen wurde, von einem Auto in ein anderes umzusteigen und eine Strecke mitzufahren. Diesem Gesetz fiel als einziger bis heute Caryl Chessman zum Opfer, der als der sogenannte „Rotlicht-Räuber" zwei Frauen in seinen Wagen und zu unzüchtigen Handlungen gezwungen hatte. Von einer Jury von elf Frauen und einem Mann wurde Chessman zum Tode verurteilt und kämpfte 11 Jahre um sein Leben[161]. In der Todeszelle schrieb er die Bücher „Cell 2455", „Death Row", „Trial by Ordeal" und „The Kid was a Killer — a Searing Novel of Violence in the Hearts of Men." Amerikanische Kriminologen wie *Barnes* sind der Auffassung, daß Chessman zu Unrecht zum Tode verurteilt und hingerichtet wurde[162].

[160] *v. Hentig*, Der Gangster a. a. O. S. 88, siehe auch *Whitehead*, The FBI Story a. a. O. S. 295ff. und *Bochow* a. a. O. S. 164ff.

[161] Siehe *Symons*, A Pictorial History of Crime, New York 1966, S. 252.

[162] *Barnes*, Il caso di Caryl Chessman, Quaderni di Criminologia Clinica, 1960, S. 231ff.

2. *Einige weitere Ursachentheorien*

Die Ursachenforschung in der Kriminologie hat eine bewegte Geschichte. Zunächst begründete *Lombroso* mit seiner Lehre vom „delinquente nato" die biologische Schule. Dieser Lehre folgte die französische Schule, vertreten durch *Lacassagne*, der die umfassende Bedeutung des Milieu's und seiner Einflüsse hervorhob. „Jede Gesellschaft hat die Verbrecher, die sie verdient." Die Milieutheorie wurde teils ergänzt, teils abgelöst durch die Welle der verschiedenen Theorien der Psychologie und Tiefenpsychologie, die, in Europa erdacht, erst in den USA ihre große und oft verhängnisvolle Wirkung entfalteten.

Nachdem die einzelnen Ursachentheorien weder die Entstehung von Verbrechen genügend zu erklären vermochten, noch zu entscheidenden Erfolgen in der Verbrechensbekämpfung oder -verhütung führten, betont man heute in der Kriminologie die sogenannte Vereinigungstheorie, nach der im Einzelfall sowohl biologische als auch soziologische und psychologische Faktoren die Straffälligkeit eines Menschen verursachen können. Die Vereinigungstheorie verschleiert indessen nur ungenügend die Tatsache, daß wir heute über Verbrechen und Verbrecher nur wenig mehr wissen, als dies zu Zeiten *Lombrosos* der Fall war[1]. Allenthalben wurden auch Zweifel an der Möglichkeit der Erkenntnis von Kausalitäten angemeldet. „Wir haben allmählich den anmaßenden Begriff der Ursache durch den bescheideneren Ausdruck

[1] Siehe hierzu *Mergen*, Kriminologie morgen, Hamburg 1964, S. 101ff., und *Middendorff*, Die Ursachen der Jugendkriminalität, Jugendwohl 1964, S. 59ff. u. 92ff.

Kondition oder Faktor ersetzt, und in letzter Zeit sprechen wir noch vorsichtiger von bloßen Charakteristiken der Verbrechen"[2].

Andererseits mehren sich die Versuche, neue, allgemeine Theorien des menschlichen Verhaltens aufzustellen und mit ihrer Hilfe auch die „Ursachen" der Kriminalität zu ergründen[3]. Eine dieser Theorien, die aus den USA stammt und dort wie in Europa viel diskutiert wird, ist die der „differentiellen Assoziation", die kriminelles Verhalten durch einen Prozeß des Lernens durch Kommunikation von Mensch zu Mensch erklärt[4].

Von diesen Theorien können im folgenden nur einige behandelt werden, insbesondere soll die Frustrations-Aggressions-Hypothese erörtert werden, die in den USA eine große Rolle spielt.

Die psychologische Theorie der Gewalt

Es läßt sich heute mit einiger Sicherheit feststellen, daß einer der wichtigsten Faktoren, der bei der Entstehung von Kriminalität aller Art eine Rolle spielt, die Aggression ist, über deren Wesen wir dem Biologen Professor *Hassenstein* einige wesentliche Aussagen verdanken. Nach ihm ist die Aggression, wie uns ein Verhaltensvergleich zwischen Menschen und Tieren lehrt, ein natürlicher Antrieb, „den man ebensowenig ungestraft unterdrücken darf, wie man nicht ohne schwere Folgen in den Hormonhaushalt eines Lebewesens eingreift"[5]. Es ist auch auf die fast triviale Grundaussage der allgemeinen Anthropologie hinzuweisen, wonach sich im Menschen zwei verschiedene Daseinsweisen vereinigen, einerseits gehört er mit seinem Körper und dessen Lebensvorgängen der Natur an und unterliegt denselben Gesetzen wie alle anderen lebenden Organismen. Der andere Teil seines Wesens ist das eigentlich Menschliche an ihm. Ein chinesisches Sprichwort drückt diese Doppelnatur des Menschen folgendermaßen aus: „Alles Tier steckt im Menschen, aber nicht aller Mensch steckt im Tier." Wenn man sich mit dem Gedanken vertraut gemacht hat, daß der Mensch gleichermaßen Naturwesen und Kulturwesen ist, er also auch eine biologisch-organische Seite hat, dann ist auch die Frage zu bejahen, ob das Naturhafte in das Verhalten des Menschen hineinspielt. Es ist selbstverständlich, daß es für einen Menschen um so

[2] *Baan* in: Verbrechen — Schuld oder Schicksal, hrsg. von *Bitter*, Stuttgart 1969, S. 77.
[3] Siehe z. B. *Walder*, Triebstruktur und Kriminalität, Bern 1952, S. 10ff.
[4] Hierzu: Soziologie der Jugendkriminalität, hrsg. von *Heintz* und *König*, Köln o. J., S. 160ff., u. *Mergen*, Kriminologie heute, Hamburg 1961, S. 145ff.
[5] *Hassenstein*, Biologische Anthropologie der politischen Wirkung, Freiburger Universitätsblätter, August 1968, S. 10.

schwieriger wird, einem naturgegebenen Antrieb zu widerstehen, je stärker dieser natürliche Antrieb in Erscheinung tritt[6].

Die moderne Verhaltensforschung (Ethologie) rückt den Menschen noch näher an das Tier heran; die Ursachen menschlichen und tierischen Handelns sind für die Ethologen grundsätzlich die gleichen. „Die ... manchmal erschreckend einfachen ... Grundstrukturen des Verhaltens sind dem Menschen angeboren, sind sein biologisches Fundament"[7].

Weiter wird gesagt, im Verlauf der Entwicklung des Menschen seien nützliche tierische Instinkte, wie der Brutpflegeinstinkt, verkümmert[8]. *Gehlen* glaubt, der Mensch habe im Zuge der Menschwerdung die natürliche Hemmung gegen die Tötung von Artgenossen verloren[9].

Konrad *Lorenz* tritt in seinem berühmten Buch über das „sogenannte Böse" der Auffassung bei, die Aggression sei ein angeborener, ursprünglich arterhaltender Trieb, dessen Gefährlichkeit in seiner Spontaneität liege. „Wäre er nur eine Reaktion auf bestimmte Außenbedingungen, was viele Soziologen und Psychologen annahmen, dann wäre die Lage der Menschheit nicht ganz so gefährlich, wie sie tatsächlich ist. Dann könnte man grundsätzlich die reaktionsauslösenden Faktoren erforschen und ausschalten"[10].

Mitscherlich nimmt eine mittlere Position ein; es sei zwar ein angeborener Zug des Menschen, zerstören zu müssen (fatalistische, pessimistische Theorie), es gäbe aber auch die Aggression aus Enttäuschungen (optimistische Theorie)[11]. Diese optimistische Theorie wird vor allem in den USA vertreten. Der Mensch ist bei seiner Geburt gleichsam ein weißes Blatt, das von seiner Umwelt beliebig beschrieben werden kann. Jeder Mensch ist unbegrenzt formbar. Es ist deshalb nur folgerichtig, wenn so prominente Kriminologen wie *Wolfgang* und *Ferracuti* die Auffassung vertreten, auch die Aggression sei durch Einflüsse der Umwelt entstanden, sie sei weder ein Instinkt, noch ein

[6] *Toynbee* scheint ebenfalls die Theorie der Doppelnatur des Menschen zu vertreten, wenn er sagt: „Man wecke tausend böse Leidenschaften, die man gleich wilden Tieren an der Kette halten sollte, nicht vollends auf; und wehe denen, die an der Zerreißung ihrer Ketten schuld sind." Wie stehen wir zur Religion?, Stuttgart o. J., S. 314.

[7] *Niesen*, Ethologie und Kriminologie, Hamburg 1969, S. 13.

[8] *Niesen* a. a. O. S. 63—65.

[9] Anthropologische Forschung, Reinbek 1961, S. 65.

[10] *Lorenz*, Das sogenannte Böse, 5. Aufl., Wien 1967, S. 77ff., siehe auch *Brandt*, Psychologie und Psychopathologie für soziale Berufe, 5. Aufl., Neuwied 1968, S. 78.

[11] Bis hierher und nicht weiter, hrsg. von *Mitscherlich*, München 1969, S. 8—9

Trieb, sie könne nach Belieben eliminiert oder verändert, durch Nachahmung beeinflußt, durch Kämpfe verstärkt und durch Niederlagen vermindert werden[12].

Schon 1937 formulierte der Amerikaner John *Dollard* die Frustrations-Aggressions-Hypothese, wonach es umfassende kausale Beziehungen zwischen Frustration und Aggression gibt:

> „Der Eintritt von Aggressionen setzt stets die Existenz von Frustration voraus,
> und
> Die Existenz von Frustration führt immer zu irgendeiner Form von Aggression."

Nach weiteren Untersuchungen wurde diese Hypothese folgendermaßen neu formuliert: „Frustration ruft Erregungen zu einer Reihe verschiedener Reaktionen hervor, von denen eine die Erregung aggressiver Tendenzen ist"[13].

Wolfgang und *Ferracuti* nennen die Frustrations-Aggressions-Hypothese die „klassische" Erklärung der Gewaltkriminalität, sie weisen aber auch gleichzeitig auf die Schwierigkeiten ihrer empirischen Bestätigung hin[14]. *Ellenberger* hat sich näher mit dem Begriff der Frustration befaßt und versteht unter ihm das Erlebnis des unbefriedigten oder verletzten Rechtsgefühls mit all seinen Abarten und Schattierungen und zählt gleichzeitig zur Frustration Enttäuschung, Nichterfüllung einer Erwartung, Benachteiligung, Zurückgesetztwerden und ähnliches. Frustrationen können nicht nur durch Not und Entbehrung, sondern auch durch das Gefühl des Überflusses und der Übersättigung entstehen[15]. Ähnlich wie Frustrationen können auch Minderwertigkeitsgefühle zu Aggressionen führen, beide Erscheinungen dürfen nicht verwechselt werden[16].

Die Stärke der Aggression muß nicht im adäquaten Verhältnis zur Stärke der Frustration stehen[17], so daß es erklärlich ist, wenn sich Frustrationen sofort in Morden entladen[18]. Folgt man der Frustrations-Aggressions-Hypothese, so müssen die, wie oben gezeigt, so

[12] *Wolfgang/Ferracuti*, The Subculture of Violence, London 1967, S. 133.
[13] *Denker*, Aufklärung über Aggression, Stuttgart 1966, S. 79ff.
[14] A. a. O. S. 143ff.
[15] *Ellenberger*, Über den Begriff der Frustration und ihre Bedeutung für die Psychohygiene, in: Die Psychohygiene, hrsg. von *Pfister/Ammende*, Zürich 1949, S. 33ff.
[16] Siehe *Brachfeld*, Minderwertigkeitsgefühle, Stuttgart 1953, S. 242.
[17] *Ellenberger* a. a. O. S. 41.
[18] *Mergen*, Die Kriminologie, Berlin 1967, S. 63ff., und *Mergen*, Die Wissenschaft vom Verbrechen, Hamburg 1961, S. 148.

überaus zahlreichen Aggressionsdelikte auf einer entsprechend hohen Anzahl von Frustrationen beruhen, denen die Menschen in den USA wohl in besonderem Maße ausgesetzt sind. Diese Frustrationen erklären sich aus den besonderen Auswirkungen des Puritanismus mit seiner Verteufelung der Sexualität, der besonderen Stellung der Frau, und der sogenannten „progressive education", die in den USA bis heute in vielen Familien den Rang eines Evangeliums einnimmt.

Es ist wohl erwiesen, daß Frustrationen schon im frühesten Kindesalter möglich sind und später schwere Wirkungen zeigen können[19]. Weil in den USA diese Erkenntnis weit verbreitet ist, versucht man, von den Kindern jede Frustration fernzuhalten; sie werden von früh an sich selbst überlassen, dürfen alles tun, tyrannisieren die Familie, treffen Entscheidungen, die sie überfordern; und gerade diese, wie *Hassenstein* es einmal genannt hat, „non frustrated children" werden immer aggressiver, weil sie erleben, daß sie mit ihrem natürlichen Aggressionstrieb (ob nun angeboren oder erworben) in Watte stoßen und keine Möglichkeit finden, ihn an anderen Objekten, insbesondere den Eltern, zu betätigen. Es ist ein Teil des amerikanischen Traumes, Kinder könnten sich durch absolute Nichteinmischung von selbst zu natürlich gewachsenen, selbständigen Menschen entwickeln. Es kommen falsche Vorstellungen von Freiheit hinzu und von Demokratie und Autorität, die man für miteinander unvereinbar hält[20].

Ein weiteres, ebenso unerschütterliches wie falsches Dogma der amerikanischen Erziehung ist es, die Welt der Kinder sei eine eigenständige Welt, in die der Erwachsene möglichst nicht eingreifen solle. Die Eltern verzichten damit auf ihre Autorität und auf ihre Verantwortung des Führens und Leitens und liefern die Kinder der viel tyrannischeren Macht ihrer eigenen Gruppe oder Bande aus. Die Reaktion der Kinder auf diesen Druck ist auf der einen Seite Konformismus, auf der anderen Seite eine Haltlosigkeit, die leicht zu Verwahrlosung und Kriminalität führen kann[21].

[19] Hierzu *Beristain*, Crime and Personality, Criminologica, Februar 1968, S. 28 ff.; Crime, Law and Corrections, hrsg. von *Slovenko*, Springfield, Ill. 1966, S. 53; und *Wurmser*, Raubmörder und Räuber, Hamburg 1959, S. 62; *Wertham* wendet sich gegen die „it's-all-due-to-early-childhood exaggeration"; diese Psychologie werde oft benutzt, um soziale Mängel zu verdecken. A Sign for Cain, New York 1969, S. 231 u. S. 11.

[20] Hierzu *Barley*, Soziologische Betrachtungen zur heutigen Jugendkriminalität, Recht der Jugend, 8, 1960, S. 121, und *Barley*, Grundzüge und Probleme der Soziologie, 3. Aufl., Neuwied 1968, S. 235, und das Beispiel bei *Thielicke*, In Amerika ist alles anders, Hamburg 1961, S. 32.

[21] Hannah *Arendt*, Die Krise der Erziehung, Der Monat, Januar 1959, S. 48ff.

Man verkennt in den USA häufig die Wichtigkeit der Erziehung zum Triebverzicht. „Die Fähigkeit, Versagungen zu ertragen, bildet ein entscheidendes Stück der Kulturfähigkeit“[22].

Es fehlt auch weithin die Erziehung zur Moral, die sich nicht von selbst versteht und entwickelt. Schon *Cicero* sagte: „Natura non dat virtutem, nascimur quidem ad hoc, sed sine hoc“[23].

Man verkennt außerdem in den USA, daß bei dem Ablösungsprozeß zwischen Eltern und Kindern Gebundenheit und Freiheitsbestrebungen einander bedingen und daß die Gebundenheit gerade die Voraussetzung für alle Vorgänge der Verselbständigung darstellt. Die Gebundenheit bewirkt, daß die Ablösung sich in Ordnung vollziehen und es vermieden werden kann, eine Grenze zu überschreiten, hinter der Chaos und Selbstzerstörung lauern. „Ob das kleine Kind bei seinem Schutzsuchen in der Säuglingszeit Gebundenheit erfährt oder nicht, das entscheidet darüber, ob der Mensch in allen späteren Revolten fähig sein wird, die äußersten Grenzen nicht zu überschreiten, das Alte nicht vollends zu zerstören und sich bedenkenlos in das Neue zu stürzen. Bindungsfähigkeit und Aggression bedingen einander“ *(Hassenstein)*. Und an dieser Gebundenheit fehlt es besonders häufig amerikanischen Kindern, oft aber auch unserer eigenen heranwachsenden Nachkriegsgeneration.

Gehlen hat in seinem Buch „anthropologische Forschung“ auf einen anderen, ebenfalls sehr wichtigen Aspekt hingewiesen: Die Bequemlichkeiten der modernen Zivilisation haben den Menschen und besonders den Jugendlichen von schwerer körperlicher Arbeit entlastet und damit gewaltige Ladungen von Aggressivität aufgespeichert[24]. Eine der besten Zusammenfassungen des Zustandes der amerikanischen Familie gibt die bekannte amerikanisch-europäische Psychiaterin Melitta *Schmideberg:* „Die amerikanische Gesellschaft ist nun schon lange Jahre in zunehmendem Maße „child-dominated“; die Eltern haben sich in zunehmendem Maße selbst ausgelöscht. Von Kindheit an kennen sie kein anderes Mittel, die Liebe ihrer Kinder zu gewinnen, als sie zu bestechen. Die Kinder antworten jedoch damit, daß sie ihre Eltern einfach verachten. Aus der Furcht, ihre Kinder ganz zu verlieren, sehen sie ihnen jedes Verhalten nach und unterstützen sie noch, wo sie es nicht tun sollten. Es ist rührend anzusehen, wie „progressive“ Eltern versuchen, sich selbst auszulöschen, um ihre

[22] *Reiwald,* Die Gesellschaft und ihre Verbrecher, Zürich 1948, S. 260.

[23] Hierzu *Kinberg,* Les problèmes fondamentaux de la criminologie, Paris 1957, S. 288.

[24] Hamburg 1961, S. 61.

Kinder nicht seelisch zu verletzen und wie diese Selbstauslöschung mehr Schaden verursacht hat als die strengste viktorianische oder puritanische Erziehung. Sie haben es versäumt, die Kinder auf das Leben vorzubereiten, sie lassen sie wie wildes Gras wachsen"[25].

Diese in Jahrzehnten gelegte Saat ist in den USA furchtbar aufgegangen. Bei Jugendlichen und Erwachsenen kommt es bei den geringfügigsten Frustrationen, die sonst im normalen Leben ohne Schwierigkeiten überwunden werden müßten, zu unerwarteten und ungeahnten Explosionen und — da fast jedermann eine Schußwaffe zur Hand hat — zu absolut sinnlosen Morden[26].

In New York City waren 1962 29 Mörder noch nicht 16 Jahre alt. Ein Vierzehnjähriger gab nach einem Raubüberfall auf die Frage nach dem Warum die schon klassische Antwort: „I am tired of home, sick of school and bored with life"[27].

Auch die von Psychologen zuweilen vorgebrachte Entschuldigung, ein jugendlicher Mörder habe unter „unwiderstehlichem Zwang" gehandelt — das berühmteste Beispiel ist Meyer *Levins* Buch „Compulsion"[28] — bietet keine ausreichende Erklärung und kommt nur der Neigung entgegen, unangenehme Tatsachen nicht zur Kenntnis zu nehmen[29].

Als Erwachsener ist der Amerikaner oft einsam[30] und rastlos und zugleich schwach[31]. Die Verhaltensforscher behaupten, der Mensch bedürfe des festen Standortes in der sozialen Rangordnung, genau wie das Tier beispielsweise seine „Hackordnung" hat. Sein Streben nach dieser Rangordnung sei legitim. „Auf diese angeborene Verhaltensweise kann der Mensch ebensowenig verzichten wie auf seine Arme und Beine. Die Menschen sind nicht nur ungleich, sie wollen auch ungleich sein. Daher sagt *Ortega y Gasset:* ‚Unter jeder Lebensregung unserer Epoche steckt eine entscheidende und aufreizende Unge-

[25] International Journal of Offender Therapy, 2, 1968, S. 70. Der amerikanische Philosoph *Santayana* sagte schon 1922: „It is not more freedom that young America needs in order to be happy: it needs more discipline." Dialogue, 2, 1969, S. 43.

[26] Beispiele bei *Middendorff*, Soziologie des Verbrechens, Düsseldorf 1959, S. 179ff. „They seek a quick way out", *Wertham* a. a. O. (Anm. 19) S. 41.

[27] *Wertham* a. a. O. (Anm. 19) S. 258—259.

[28] New York 1956.

[29] *Wertham* a. a. O. (Anm. 19) S. 37 u. S. 47.

[30] Siehe *Riesman*, Die einsame Masse, Darmstadt 1956, und *Oberndörfer*, Von der Einsamkeit des Menschen in der modernen amerikanischen Gesellschaft, 2. Aufl., Freiburg im Br. 1961.

[31] *Salomon*, Kultur im Werden, Berlin 1924, S. 64ff.; *Lin Yutang*, Weisheit des lächelnden Lebens, Hamburg 1963, S. 144.

rechtigkeit: die falsche Voraussetzung der Gleichheit aller Menschen. Jeder Schritt unter Menschen zeigt uns so offensichtlich das Gegenteil, daß jeder Schritt ein schmerzhaftes Straucheln ist'"[32]. Der Soziologe *Schoeck* erklärt zahlreiche Morde in den USA mit Neid- und Rachegefühlen. „Das Neidverbrechen wird vor allem in solchen Gesellschaften zunehmen, deren offizielles Credo die bereits eingetretene Gleichheit aller ist" und in denen der einzelne die krassen Unterschiede zwischen Theorie und Praxis nicht verkraftet[33].

Vielleicht liegt in der Verlassenheit des modernen Menschen, der aus festen Ordnungen geworfen und gezwungen wurde, seinen Marschallstab für wirtschaftlichen Erfolg im Tornister zu suchen, die wesentliche Ursache für Frustrationen und Aggressionen. *Wertham* zitiert nicht ohne Grund einen Satz von 1940, wonach ein Tag im New Yorker Geschäftsleben mehr Aggressionen hervorbringt als ein halbes Jahr Bombenangriffe auf England[34].

Wenn der Amerikaner heiratet, bekommt er im allgemeinen eine ehrgeizige und tüchtige Frau, „die ihren Mann steht", aber oft ohne Wärme ist. Der bekannte amerikanische Romanschriftsteller James *A. Michener* hat in seinem Buch „Sayonara" gezeigt, warum so viele amerikanische Soldaten fremde Frauen, insbesondere Japanerinnen, geheiratet haben. Er selbst hat sich durch die Heirat mit einer Japanerin in seiner Gemeinde in den USA isoliert[35].

Die schärfste Kritik an der amerikanischen Frau hat *Matthias* in seinem Buch „Die Entdeckung Amerikas Anno 1953" anhand amerikanischer Quellen geübt; er faßt diese Kritik in die Sätze zusammen: „Europäische Frauen geben viel und verlangen wenig, amerikanische Frauen verlangen viel und geben wenig"[36].

„Die Krise der amerikanischen Männlichkeit" hat *Schlesinger* beschrieben, er sagt, der amerikanische Mann habe viele emotionale Schwierigkeiten, sei unsicher, neurotisch und zweifle an sich selbst[37].

Die Einflüsse der Umwelt

Die zahlreichen Umweltfaktoren, die die Kriminalität ständig beeinflussen, müssen im Zusammenhang mit den schon lange beste-

[32] *Niesen* a. a. O. (Anm. 7) S. 21ff. u. S. 60—61.
[33] „Christ und Welt" v. 5. 8. 1966.
[34] A. a. O. (Anm. 19) S. 347.
[35] Siehe auch *Lewis*, Puerto Rico, New York 1963, S. 20 u. S. 574. *Lewis* spricht von dem „furious rush of the American battle of the sexes" und von „aggressive competitiveness and exploitative sex" der amerikanischen Frau.
[36] Hamburg 1953, S. 257; siehe auch *Mühlen*, Die Amerikaner, Frankfurt 1968, S. 218ff., und *Salomon* a. a. O. (Anm. 31) S. 27.
[37] Pulitzer-Prize Reader a. a. O. S. 455ff.

henden großen nationalen und regionalen Unterschieden gesehen werden, die die Amerikaner „Cultural Factors in Delinquency" genannt haben[38]. Die Unterschiede in der Tötungskriminalität liegen zwischen „0 und 100%"[39]. Die Einflüsse des Klimas auf die Tötungskriminalität sind sicher bedeutend, aber noch nicht genügend erforscht[40]. Über die hohe Mordkriminalität der USA wurde oben schon berichtet[41], von den Umwelteinflüssen, die auf sie einwirken, sollen im folgenden einige erörtert werden.

Die Massenmedien

Die Problematik der Massenmedien ist nicht neu; was heute Zeitung, Film und Fernsehen sind, waren früher — natürlich in ganz anderem Umfange — Flugblätter und Zeitungen, die sich schon immer intensiv mit Morden und Hinrichtungen befaßten. Der amerikanische Kriminologe *McDade* hat die „Gallows Literature of the Streets" zusammengestellt.

Es ist heute wohl allgemein herrschende Meinung unter Kriminologen, daß normale Jugendliche wie Erwachsene von den Massen-

[38] Hrsg. von *Gibbens* und *Ahrenfeldt*, London 1966.

[39] *Sutherland/Cressey*, Principles of Criminology, 6. Aufl., Chicago 1960, S. 151 ff. — *Landau* und *Drapkin* haben die „Ethnic Patterns of Criminal Homicide in Israel" untersucht und beträchtliche Unterschiede in der Tötungskriminalität zwischen orientalischen und westlichen Juden festgestellt, The Hebrew University of Jerusalem 1968; es gibt Länder und Regionen und Zeiten, in denen der Wert eines Menschenlebens weniger gilt als in anderen, so z. B. auf Korsika; hier ist der Tod „der allgegenwärtige Held, der ständig durch die Kulissen der Bühne des Lebens schreitet," *Chiari*, Korsika, München 1964, S. 100 u. S. 128, und Lauvergne, De la Corse intérieure — De la vendetta, Annales Internationales de Criminologie, 1968, S. 439 ff. — Auch die Iren sind Kelten, den Korsen verwandt und in ihrer Geschichte dem Tod stets nahe. Siehe z. B. *Bennett*, The Black and Tans, London 1961, und: The Irish Uprising 1916 bis 1922, New York 1966. — In Südamerika, dem „Kontinent der von uns ungeahnten Weiten und Wildheiten", ist der Wert des Lebens geringer als bei uns. *Lieberz-Wygodzinski*, Zur Sozialpsychologie des Mordes in Chile, Monatsschrift für Kriminologie und Strafrechtsreform, 1957, S. 163 ff., und für Kolumbien: *Reyes*, Criminologia, Bogota 1968, S. 129 ff. — Das Stammesgebiet der Bhil in Nordwestindien ist „wahrscheinlich das mordreichste Gebiet" der Erde. 1967 wurden auf 400000 Einwohner 241 Morde und 198 Mordversuche gezählt. *Knöbl*, Hexen, Mörder und Dämonen, Köln 1968, S. 46 u. S. 216.

[40] Siehe Handwörterbuch der Kriminologie S. 242 ff. (Anm. 150, I. Teil); Cultural Factors in Delinquency, a. a. O. S. 14, und *Godwin*, Killers in Paradise, New York 1966.

[41] I. Teil, S. 482 (212) ff.; siehe auch *Tappan*, Crime, Justice and Correction, New York 1960, S. 170 ff.

medien nicht so weit beeinflußt werden können, daß sie unmittelbar danach Verbrechen begehen[42].

Auf der anderen Seite darf nicht verkannt werden, daß Dauer und Intensität der Beeinflussung durch die Massenmedien zu gewissen, oft nicht genau zu konkretisierenden Ergebnissen führen können[43], zumal in einer Gesellschaft mit „Außen-Lenkung", in der der einzelne stets bemüht ist, sich an die anderen anzupassen[44]. Film und Fernsehen verherrlichen in den USA in leicht abgewandelten, sich immer wiederholenden Darbietungen die Geschichte der Grenze, der Kämpfe im Westen[45] und auch die Zeit des Gangstertums. Typisch hierfür ist der Film „Bonnie und Clyde", der die Wirklichkeit verniedlicht, der sentimental ist und Mord und Grausamkeit verharmlost[46]. Wohl kaum ein anderer Film hat dem nichtwestlichen Ausland einen solchen Eindruck von Dekadenz und Verwirrung der Begriffe von Gut und Böse vermittelt[47]. In der Gefangenenzeitschrift der Strafvollzugsbehörde von Texas „The Echo" beklagten sich im November 1967 Strafgefangene über den Film „Bonnie und Clyde" und das Echo, das dieser Film im breiten Publikum gefunden hat, und es wird gefragt, wie es möglich ist, daß die Gesellschaft in der Beurteilung der Gewalttätigkeit so verwirrt sein kann. „Gewalt ist nicht gerechtfertigt, gleichgültig, wie rein die Motive sein mögen. Es ist verbrecherisch, Mord als etwas Schickes, Schönes, Menschliches oder gar Humoristisches darzustellen und zwar im Namen künstlerischer Freiheit oder um Dollar zu machen"[48].

Auch im Fernsehen werden in den sich immer wiederholenden Serien aus dem Wilden Westen aus Mördern, Säufern und Räubern edelmütige Menschen und Supermänner, die großzügig und entsagend für ihr Land kämpfen. Dabei scheut man sich aber auch gleichzeitig, Gewalt und Mord so kraß darzustellen, wie sie tatsächlich geschehen, und vermeidet jede Kritik an der Gewalttätigkeit. Der Film „Kalt-

[42] Siehe *Middendorff*, Die Ursachen der Jugendkriminalität, S. 65—66 u. S. 92 bis 93 mit der dort angegebenen Literatur.

[43] Siehe: The cinema and the protection of youth, Council of Europe, Straßburg 1968, S. 134, *Macdonald* a. a. O. (Anm 130, I. Teil S. 15ff.), und den englischen Bericht über die „Moormörder" in: *Hansford Johnson*, On Iniquity, New York 1967.

[44] Siehe *Riesman* a. a. O. (Anm. 30) S. 160ff.

[45] In Kansas City gibt es schon eine Jesse-James-Touristenindustrie und ein Museum, „New York Times" v. 20. 2. 1966.

[46] Siehe Allen *deFord*, The Real Bonnie and Clyde, New York 1968.

[47] Siehe hierzu auch *Thorwald*, Die Traumoase Beverly Hills, Zürich 1968, S. 130ff.

[48] NCCD News, März-April 1968, S. 5.

blütig", der nach dem gleichnamigen Buch von *Capote* gedreht wurde, stieß in den USA teilweise auf Widerstand des Publikums, weil er ansatzweise eine Kritik der Gewalt enthält. *Sutherland* und *Cressey* glauben, die ständige Berieselung mit Mord und Gewalttätigkeit schaffe eine Haltung der Indifferenz gegenüber den tatsächlich geschehenen Gewalttaten und trage dadurch indirekt zu den hohen Verbrechenszahlen bei[49].

So nahe dem Amerikaner Mord und Gewalttat in Vergangenheit und Gegenwart sind, so weit schiebt er den Gedanken des Sterbens von sich. „Im Leben der Amerikaner spielt der Tod heute die Rolle des Sex unter ihren viktorianischen Vorfahren." Es gibt fast 400 Synonyme für das Wort sterben; „das seltsame Zeremoniell, mit dem Amerikaner ihre Toten bestatten, scheint vor allem dem Zweck zu dienen, den Tod selber abzuleugnen"[50].

Nach der Ermordung von Martin Luther *King* und Robert *Kennedy* wurden einige Mord- und Western-Serien aus den Programmen entfernt, in der Tatsachenberichterstattung, vor allem aus Vietnam, blieben die Szenen von Gewalttätigkeiten jedoch erhalten. So wurde z. B. auch ein Amateurfilm von der Ermordung Präsident *Kennedys* wiederholt vorgeführt.

Auf der anderen Seite haben Kriminologen oft die Frage aufgeworfen, ob durch das Bedürfnis der Menschen nach einer Traumfabrik Aggressionsneigungen abreagiert werden und ob nicht die Gewalttaten auf dem Bildschirm Ersatz für sonst tatsächlich verübte Verbrechen sind. *Bauer* bejaht anscheinend diese Frage[51]. Johannes *v. Guenther* sagt im Nachwort zu den von ihm gesammelten „russischen Kriminalgeschichten"[52]: „Es ist schade, daß Kain nicht die Möglichkeit hatte, sich mit einem Roman von Edgar *Wallace* seine übersteigerten Affekte abzureagieren." Ein so prominenter Fachmann wie *Wertham* verwirft die „Outlet-Theorie" als „pseudo-wissenschaftliches Dogma" und sagt, er würde im Dunklen lieber einem Jugendlichen begegnen, der den Film „Bonnie und Clyde" nicht gesehen habe[53].

[49] A. a. O. (Anm. 39) S. 213.

[50] *Mühlen*, Die Amerikaner, S. 191; siehe auch *Mitford*, The American Way of Death, New York 1964. Das Neueste sind „Drive-in-Bestattungen", bei denen man nicht mehr aus dem Auto auszusteigen braucht.

[51] Das Verbrechen und die Gesellschaft, München 1957, S. 110; siehe auch *Tappan* a. a. O. (Anm. 41) S. 210, und *Reiwald*, Die Gesellschaft und ihre Verbrecher, S. 117ff. Schon im 4. Jh. sprach Lactantius von der „verkappten Blutgier" der Zuschauer bei Gladiatorenkämpfen, *De Quincy*, Der Mord, München o. J., S. 4.

[52] Frankfurt 1962.

[53] A. a. O. (Anm. 19) S. 211 u. S. 6.

Die Gruppe

Jeder Mensch ist Angehöriger von kleineren und größeren Gruppen; jede Gruppe entwickelt eine eigene stärkere oder schwächere Ideologie, wobei Ideologie nach *Lemberg* als „jedes spekulativ errichtete Gedankengebäude zur Aufrichtung und Begründung einer Gesellschaftsordnung" definiert ist[54]. Jede Ideologie, sei sie eine nationalistische, marxistische oder religiöse Überzeugung, übt auf die Gruppe eine integrierende Wirkung aus, die sich noch verstärkt, wenn die Gruppe Feinde hat. *Lorenz* wies in seinen Untersuchungen über das Zusammenleben der Tiere darauf hin, daß, und das gelte auch für den Menschen, die Mitglieder der gleichen sozialen Gruppe deshalb friedlich miteinander zusammenlebten, „weil die überschüssige Aggression in der Auseinandersetzung mit äußeren Gegnern Absättigung fand"[55]. Jede Gruppe kann von ihren Angehörigen eine um so größere Hingabe fordern, je bedrohter (angeblich) die Gruppe von einem Feinde ist. Nach Konrad *Lorenz* ist die Reizsituation durch einen Feind für das Abreagieren sozialer Aggression geradezu erforderlich[56].

Nicht von ungefähr wurde in den USA von *Sellin* die Theorie des „culture conflict" entwickelt; sie besagt, daß sich zwischen den im Bereich der größeren Gruppe, also etwa des Staates, geltenden Normen und den Normen und Wertbegriffen kleinerer Gruppen, die innerhalb dieses Bereiches leben, Spannungen ergeben können[57]. Es wäre allerdings zu fragen, ob man heute in den USA noch, wie dies vielfach geschieht, von einer „Subkultur" der Gewalt sprechen kann, und ob es nicht vielmehr schon eine alle Gruppen durchdringende „Kultur" der Gewalt ist[58].

In einem Staat wird sich in der Regel die Ideologie, d. h. das Wertsystem, der größeren Gruppe gegenüber den kleineren Gruppen durchsetzen, und der Staat wird in der Regel bestimmen, was ein Verbrechen ist. Ob der Staat immer die bessere Ideologie und das bessere Wertsystem hat, ist eine andere Frage[59].

[54] Nationalismus II, Hamburg 1964, S. 55.
[55] *Denker* a. a. O. (Anm. 13) S. 113.
[56] Das sogenannte Böse, S. 364.
[57] *Sellin*, Culture Conflict and Crime, New York 1938.
[58] Siehe auch *Wolfgang*, A Preface to Violence, The Annals of the American Academy of Political and Social Science, März 1966, S. 1—7.
[59] Siehe *Middendorff*, Der politische Mord, S. 186ff. Es gibt in der Geschichte Gruppen, wie etwa die westindischen Seeräuber, die gegenüber ihren Angehörigen zumindest genauso, wenn nicht gar besser, ihren Schutz- und Fürsorgepflichten nachgekommen sind, als es zu dieser Zeit die großen Mächte taten. Räuber waren die Großen wie die Kleinen gleichermaßen. Siehe z. B. „Logbuch", zusammengestellt von *Spagnol* und *Dossena*, Hamburg 1965, S. 143ff.

Es ist — vom Standpunkt des Kriminologen aus — vielleicht die Tragödie der USA, daß sich die staatliche Organisation nicht wie in europäischen Ländern und auch in der englischen Kolonie Kanada von oben her aufbaute, sondern von unten her[60]. Diese Entwicklung ist durch die Geschichte der USA und durch die Weite des Raumes verständlich. Bis heute spielen in den USA kleine Gruppen mit ihren eigenen Wertsystemen und Ideologien eine unverhältnismäßig große Rolle, wie z. B. die Puritaner, die Quäker[61] und die Mormonen[62]. Die Bewegung der Black Muslim wird man wohl als pseudoreligiös bezeichnen müssen, ebenso ist die Ideologie des Ku-Klux-Klan von religiösen Zügen durchwoben.

Der Puritanismus zeigt in den USA bis heute eine überraschende Stärke; manche Urteile in Mordprozessen sind nur durch die puritanische Einstellung der Jury zu erklären, die sich z. B. in der Überzeugung zusammenfassen läßt: „Wer die Ehe bricht, mordet auch." Bekanntestes Opfer einer Welle puritanischer Empörung und einer Haßkampagne der Zeitungen war der Arzt Samuel *Sheppard*. „Der Staatsanwalt wies nach, daß er die Ehe gebrochen hatte, und das genügte" (für eine Verurteilung wegen Mordes an seiner Ehefrau)[63]. *Habe* erzählt den Fall *Sheppard* in seinem Buch „Meine Herren Geschworenen"[64] unter dem bezeichnenden Titel „Der Mann, den die Frauen lynchten"[65]. In New York wurde eine Frau, die ihren Geliebten erschossen hatte, mit der Begründung freigesprochen, ihre Empörung über die Zumutung, „oral intercourse" auszuführen, habe sie zu dem Mord berechtigt[66].

Andere Gruppen und ihre Auseinandersetzungen haben ihren Schwerpunkt in der Familie und Sippe; so gab es in Kentucky und West-Virginia Familienfehden, die während des Bürgerkrieges begannen und sich bis zum ersten Weltkrieg fortsetzten und mit unbeschreiblicher Grausamkeit geführt wurden. Die Durchsicht der Akten eines einzigen Bezirksgerichtes ergab, daß zwischen 1865 und 1915 ungefähr 1000 Anklagen wegen Mordes erhoben wurden. Es ist sicher, daß es außerdem in vielen Fällen überhaupt nicht zur Anklage kam.

[60] Hierzu *Mittler* a. a. O. (Teil I. Anm. 28a) S. 329 u. S. 342; *Berton*, Abenteuer Alaska, München 1960, S. 263ff.
[61] Hierzu *Behrendt*, Der Mensch im Licht der Soziologie, Stuttgart 1962, S. 31.
[62] *Middendorff*, Der politische Mord, S. 191.
[63] *Kilgallen*, Murder One, New York 1967, S. 210.
[64] Zürich 1964.
[65] Siehe auch *Felsher/Rosen*, Justice, USA ?, (The Press in the Jury Box), New York 1966, und *Sheppard*, Endure and Conquer, New York 1966.
[66] *Kilgallen* a. a. O. S. 90 u. S. 104; *Reynolds*, Ich bitte um Freispruch, o. J., S. 173ff.

Diese Fehden, die man auch „feuds" und Vendetta-Kriege nannte, hatten ihre Wurzeln in dem Gegensatz zwischen Süd und Nord und waren auch mit illegalem Schnapsbrennen (moonshine booze) verbunden. Eine der berüchtigsten Fehden entspann sich zwischen den Familien *Hatfield* und *McCoy*; in diesen Kampf war fast jeder Bewohner der Bezirke Pike County und Logan County in Kentucky verwickelt, und die Fehde allein kostete 65 Menschenleben. „Die Richter in diesen gebirgigen Bezirken setzten täglich ihr Leben aufs Spiel, und einige verloren es auch in ihrem Bemühen, das staatliche Recht... durchzusetzen." In einem Gericht wurden um den Sitz des Richters Stahlwände aufgestellt, um ihn davor zu beschützen, während der Sitzung von einem wütenden Zuhörer oder auch von außen erschossen zu werden[67].

Von den Gruppen, die sich nur zeitweise bildeten, um sich vor unerträglichem Verbrechertum und Rechtsunsicherheit zu schützen, den Vigilantes oder Regulatoren, wurde schon gesprochen.

Auch wirtschaftliche Gründe führten zur Bildung kleinerer Gruppen, die sich gegen den Staat und seine Ordnung auflehnten. Die „Molly Maguires" waren eine kleine radikale Gruppe von eingewanderten Iren, die in Pennsylvanien eine geheime Gesellschaft organisierten und für mehr als zehn Jahre die Kohlengruben terrorisierten; ihr Terror wurde schließlich durch das Detektiv-Büro Pinkerton gebrochen, das einen Iren gewann, der seine Kameraden verriet. 1877 wurden zwanzig Mitglieder der Gruppe zum Tode verurteilt und aufgehängt[68].

Von der wirtschaftlichen Macht der Gangster und der Mafia wurde schon gesprochen, beide verbinden sich zuweilen mit den Gewerkschaften, die man ebenfalls schon eine Bedrohung für das System der freiheitlichen Demokratie genannt hat. *Schoeck* beschrieb Gewerkschaftspraktiken in den USA und sprach von einem permanenten Bürgerkrieg. Während eines Streiks der Eisenbahner und Postangestellten in Atlanta, Georgia, wurden fast täglich Telefonmasten und Umschalter in die Luft gesprengt, Fernleitungen durchschnitten, die Häuser Arbeitswilliger beschossen, Bomben in Telefonämter geworfen und Brücken gesprengt. Der Schaden wurde auf 5 Millionen Dollar geschätzt.

[67] *Caudill*, Night comes to the Cumberlands, Boston 1963, S. 46ff., und *Mutzenberg*, Kentucky's Famous Feuds and Tragedies, New York 1917. Über die Zeit der „lawlessness" in West-Virginia siehe *Reid*, An American Judge, New York 1968, S. 189ff.

[68] *McNamara* a. a. O. (Teil I., Anm. 63) S. 6; *Teeters/Hedblom* a. a. O. (Teil I Anm. 17) S. 390ff.

In Wisconsin wagte es eine Firma, sich der Einführung der zwangsweisen Mitgliedschaft der Arbeiter in der Gewerkschaft zu widersetzen, und als die Gewerkschaft zum Streik aufrief, die Streikenden zu entlassen und andere Arbeitswillige einzustellen. Die Gewerkschaft schickte aus Detroit geübte Terroristen, die innerhalb von vier Jahren 500 Gewaltakte verübten. Die örtliche Polizei weigerte sich einzugreifen[69].

In Frankreich gab es in den Jahren 1957 bis 1962 einen ähnlichen Konflikt zwischen einer kleineren Gruppe und dem Staat; die rechtsstehende OAS wollte sich mit der Aufgabe Algeriens nicht abfinden; das Ergebnis war, daß in der Statistik der Tötungsdelikte die Häufigkeitsziffer von 1956 bis 1957 von 80 auf 900 stieg und 1959 eine Höhe von 1150 erreichte. 1963 war sie wieder auf 310 gesunken[70].

Staat und Nation stellen bis heute die größte und wichtigste Gruppe dar[71]. In den USA hat es der Bund z. B. in der Rassenfrage sehr schwer, sich gegenüber den einzelnen Staaten durchzusetzen. Die Südstaaten bezeichnen sich heute noch gerne als „souverän". Die Ideologie des Bundes ist schwach, seine Integrationswirkung dementsprechend gering und seine Aggressionen nach innen und außen[72] sind nur schwach ausgeprägt. Mabel *Elliott* verglich in ihrem Buch „Crime in Modern Society"[73] die Kriminalität der amerikanischen „Grenze" mit den europäischen Kriegen und sagte, dieselbe Aggression, die sich in Europa in der Form von Auseinandersetzungen auf der Ebene von Staaten und Nationen ausdrückte, äußerte sich in den USA in der gewaltsamen Verschiebung der Grenze nach Westen. Die Menschen in den europäischen Ländern wären daher geneigter, die Gesetze innerhalb ihres eigenen Landes zu respektieren, während sich in den USA mangels äußerer Feinde die Aggressionen innerhalb des Landes auswirken müßten[74], wie z. B. gegen die Indianer. Carl *Schurz* schrieb 1881 in bezug auf die Indianer: „Die amerikanische Geschichte ist zu einem großen Teil ein Protokoll über gebrochene Verträge, ungerechte Kriege und grausamen Raub"[75].

Man könnte auch daran denken, daß sich die USA infolge ihrer späten Entdeckung heute in einem ähnlichen Entwicklungs- oder

[69] *Schoeck*, USA, Motive und Strukturen, Stuttgart 1958, S. 267ff. u. S. 272.
[70] *Holle* a. a. O. (Teil I, Anm. 153) S. 41.
[71] Hierzu *Middendorff*, Der politische Mord, S. 198ff.
[72] Siehe *Reiwald* a. a. O. (Anm. 51) S. 284ff.
[73] New York 1952, S. 282ff.
[74] Siehe auch *v. Hentig*, Der jugendliche Vandalismus, Düsseldorf 1967, S. 114, und *Plack*, Die Gesellschaft und das Böse, München 1967, S. 298ff.
[75] *Mittler* a. a. O. (Teil I, Anm. 28a) S. 408 u. S. 368ff.; siehe auch *Ingstad*, Die letzten Apachen, Berlin 1940, S. 51ff.

Zwischenzustand befinden wie die europäischen Länder und insbesondere Deutschland vor Jahrhunderten, als die staatliche Zentralgewalt schwach war und entweder völlige Anarchie herrschte oder an die Stelle der staatlichen Justiz die Willkür der Feme getreten war[76].

Wenn die Aggressionen nach innen und außen dieselbe Wurzel haben, liegt der Schluß nahe, daß es auch dieselben Menschen sind, die diese Aggressionen austragen. *v. Hentig* hat in einem kurzen historischen Rückblick gezeigt, wie ähnlich sich Heere und Banden sind[77], an anderer Stelle habe ich auf die Gemeinsamkeiten zwischen Soldaten und Verbrechern hingewiesen[78]. Die modernen Guerillas stellen eine Zwischenstufe zwischen Verbrechern und Soldaten dar[79].

Es ist indessen wohl unbestreitbar, daß in beiden Weltkriegen die Generale der USA sich mehr als jede andere militärische Führung bemüht haben, Menschenleben zu schonen; und man hat auch in rund hundert Jahren nur einen einzigen zum Tode verurteilten Deserteur tatsächlich erschossen[80].

In einigen Staaten der USA gibt es zwar noch die Todesstrafe, im ganzen Jahr 1966 wurde aber nur ein einziger zum Tode Verurteilter hingerichtet, 1968 niemand[81]. Es sei in diesem Zusammenhang darauf hingewiesen, daß auch auf einem anderen Gebiet der Schutz des Menschenlebens in den USA besser gewährleistet ist als in europäischen Ländern: die USA haben wesentlich weniger Straßenverkehrsunfälle mit tödlichem Ausgang als z. B. die Bundesrepublik[82]. Auf der anderen Seite gibt es viele Beispiele dafür, daß in den USA auf aktuelle oder auch nur vermeintliche Aggressionen starke Gegenaggressionen folgen können. Am 26. 12. 1862 wurden in Mankato, Minnesota, 38 Indianer nach Überfällen auf weiße Siedlungen zur Abschreckung aufgehängt,

[76] Siehe *Radbruch/Gwinner*, Geschichte des Verbrechens, Stuttgart 1951, S. 26; *Keller*, Der Scharfrichter in der deutschen Kulturgeschichte, Hildesheim 1968, S. 92—93; *Schnettler*, Die Veme, 2. Aufl., Münster 1933; *Maaß*, Halsgericht, Darmstadt 1968, S. 100ff.; *Friedenthal*, Luther, München 1967, S. 87ff. u. S. 187—188, sowie *Arnau*, Jenseits der Gesetze, München 1966, S. 75ff.

[77] Der Gangster, S. 9ff.; siehe auch *Wedgwood*, Der dreißigjährige Krieg, München 1967, S. 78ff.

[78] *Middendorff*, Der politische Mord, S. 208ff.; *Wurmser* a. a. O. (Anm. 19) S. 251; *Lüth*, Seeräuber rund um Helgoland, Hamburg 1967, S. 5ff., *Cocteau*, Thomas der Schwindler, München 1959, S. 81; *Chapman*, Sociology and the Stereotype of the Criminal, London 1968, S. 186ff.

[79] Siehe *Larteguy* a. a. O. (Teil I, Anm. 154) und *Thayer*, Guerillas und Partisanen, München 1964.

[80] *Huie*, The Execution of Private Slovik, New York 1954.

[81] „Time" v. 10. 1. 1969.

[82] *Middendorff*, Verkehrskriminalität und Verkehrsgerichtsbarkeit in den USA, Informationen und Urteile, Januar 1967, S. 2ff.

am 11. 12. 1917 wurden in San Antonio, Texas, nach Rassenunruhen 13 Negersoldaten hingerichtet, später noch weitere neun[83].

Auch die amerikanische Justiz ist, wie oben schon im Zusammenhang mit den Rassenkonflikten gezeigt wurde, nicht frei von starken Aggressionen[84], und es gibt viele Beispiele dafür, daß in den USA offensichtlich Unschuldige von den Juries schuldig gesprochen und verurteilt wurden[85].

Man hat auch mit Recht die Frage aufgeworfen, ob nicht die häufig sensationelle Durchführung des amerikanischen Strafverfahrens zur Ableitung von Aggressionen dient. Die großen Mordprozesse in den USA dauern länger und genießen größere Publizität, als wir dies in Europa gewohnt sind[86].

Die soziale Kontrolle

Es besteht für den Kriminologen kein Zweifel, daß der Grad der Stärke oder Schwäche der sozialen Kontrolle von erheblichem Einfluß auf Umfang und Art der Kriminalität und damit auch der Tötungsverbrechen ist. Die Effektivität der sozialen Kontrolle hängt von dem Grad der Integration des einzelnen in die Gruppe — und von deren tatsächlicher Macht ab[87].

Hellmer meint inhaltlich dasselbe, wenn er sagt, die Kriminalität hänge von zwei Komponenten, dem Freiheitsraum des einzelnen und dem allgemeinen Wertklima ab. *Hellmer* unterscheidet folgende Möglichkeiten:

1. Der Freiheitsraum ist klein, das Wertklima rechts- und gesetzesfreundlich; hier ist die Kriminalität am geringsten.
2. Der Freiheitsraum ist groß, das Wertklima rechts- und gesetzesfreundlich; hier wird die Kriminalität etwas größer sein, aber ebenfalls noch einen günstigen Verlauf haben.

[83] *Teeters/Hedblom* a. a. O. (Teil I, Anm. 17) S. 375ff.

[84] Siehe *Reiwald* a. a. O. (Anm. 51) S. 262ff.

[85] Siehe *Radin*, The Innocents, New York 1964; *Gardner*, The Court of Last Resort, New York 1954; *Frank/Frank*, Not Guilty, Garden City 1957; *Prettyman*, Death and the Supreme Court, New York 1961; *Block*, The Vindicators, New York 1965.

[86] Hierzu *Middendorff*, Materialien zur Geschichte des Verbrechens in den USA, in: Kriminologische Wegzeichen, Hamburg 1967, S. 250ff.; *Ullers*, Der Strafverteidiger, Hamburg 1962, und *Behr*, Der Sensationsprozeß, Hamburg 1968. *Voltaire* sagte schon: „Ein bedeutender Prozeß ist interessanter als hunderttausend seichte Geschichten oder hunderttausend Vorlesungen an der Akademie."

[87] Wenn gesagt wird, Macht korrumpiere, so ist das Gegenteil sicher auch wahr: Ein Machtvakuum korrumpiert vielleicht noch gründlicher. *Niesen* a. a. O. (Anm. 7) S. 60.

3. Der Freiheitsraum ist klein, das Wertklima aber rechtsneutral; hier hat die Kriminalität schon gefährliche Tendenzen, ihr Umfang läßt sich aber noch steuern.
4. Der Freiheitsraum ist groß und das Wertklima rechtsneutral; hier wird die Kriminalität verhältnismäßig groß und schwer einzudämmen sein[88].

Die Bundesrepublik befindet sich nach *Hellmer* im Übergang vom dritten ins vierte Stadium, wobei man das Wertklima nur mit Wohlwollen als rechtsneutral bezeichnen kann.

Die soziale Kontrolle kann außerhalb der Justiz wirksam werden und durch die Justiz ausgeübt werden. Außerhalb der Justiz wirkt sie durch die Familie, durch Freunde, Beruf und Berufsorganisationen und Behörden, kurz, durch ein engmaschiges Netz sozialer Beziehungen, in dem jeder jeden kennt. Es ist kein Zufall, daß in den USA die Vorstädte, die „suburbs", die geringste Kriminalität aufweisen. Teilweise herrscht in ihnen eine stickige, puritanische Atmosphäre, wie sie etwa in dem berühmten Roman von Grace *Metalious* „Peyton Place" oder in dem Roman von Christopher *Davis* „Lost Summer" dargestellt ist.

Die Bevölkerung in den USA ist sehr mobil und wechselt häufig Beruf und Wohnsitz, Millionen leben nur in Wohnwagen, in denen sie je nach Jahreszeit und Arbeitsmöglichkeit von Ort zu Ort ziehen[89]. Es gibt auch keine polizeiliche Meldepflicht, und Namensänderungen sind leicht möglich. Es fehlt eine engmaschige, den gesamten Sozialkörper durchziehende Ordnung mit entsprechender Autorität[90]. Die Dschungel der Millionenstädte sind heute für die Organe der sozialen Kontrolle genau so undurchdringlich wie früher Urwälder und Prärien des Westens[91].

Die Effektivität der sozialen Kontrolle durch Justiz und Polizei hängt vor allem von der Schnelligkeit und Sicherheit der Strafver-

[88] Kriminalitätsentwicklung und -abwehr in der Demokratie, Tübingen 1969, S. 12—13.

[89] *Dahrendorf*, Die angewandte Aufklärung, Frankfurt 1968, S. 65.

[90] Siehe auch *Arnau*, Jenseits der Gesetze, a. a. O. S. 217, und, besonders eindrucksvoll: *Moser/Cohen*, The Pied Piper of Tucson, New York 1967. Eltern und Polizei versagen, Privatdetektive und Mafia müssen helfen.

[91] Hierzu auch *Angle* a. a. O. (Teil I, Anm. 3) S. 225. *Hemingway* hat in seiner Kurzgeschichte „Die Killer" die Schutzlosigkeit und Angst der Menschen und die Abwesenheit von Staatsgewalt meisterhaft geschildert. Die Geschichte endet: „Ich kann das nicht aushalten, mir vorzustellen, wie er da in seinem Zimmer sitzt und wartet und genau weiß, daß er dran glauben muß. Es ist zu verflucht niederträchtig." „Na," sagte George, „ am besten, du denkst nicht dran."

folgung ab[92]. Die „strikte Durchführung der Gesetze würde sicher die Anzahl der Verbrechen vermindern, aber eine strenge Strafverfolgung ist außerordentlich schwierig, weil Polizei und Justiz auf Grund derselben Einflüsse schwach gehalten werden, auf denen die hohen Verbrechenszahlen beruhen"[93].

Die Polizei ist zersplittert[94], nicht immer zur Zusammenarbeit bereit[95] und gleichsam auf drei Ebenen tätig. Die in den Gemeinden gewählten Polizeibeamten, teilweise noch Sheriffs genannt, die sich selbst ihre Hilfsbeamten ernennen, sind politisch und wirtschaftlich von ihrer Umgebung abhängig, in Zeiten politischer Erregung oder etwa bei Rassenunruhen in Südstaaten kann es geschehen, daß sie ganz ausfallen. Der Bericht der Kommission des Präsidenten kritisierte u. a. die Korruption, die nicht nur unter Polizeibeamten[96], sondern auch unter Staatsanwälten, Abgeordneten, Richtern, Bürgermeistern und sonstigen Beamten verbreitet sei[97].

Die Beamten der Staatspolizeien sind noch nicht überall ins Beamtenverhältnis übernommen, sondern teilweise auch noch abhängig, wenn auch weniger als die lokalen Polizeibeamten. Die Bundespolizei wird von Fachleuten als herrvorragend bezeichnet, sie ist aber in ihrer Zuständigkeit begrenzt und häufig am Eingreifen gehindert[97a].

Von den Tötungsdelikten wurden 1967 durch die Polizei 88 Prozent aufgeklärt[98].

Die Staatsanwälte werden in der Regel in den USA gewählt, unterliegen also auch politischen Einflüssen; sie haben ein Interesse daran, eine möglichst große Zahl von Verurteilungen zu erreichen. Mit diesem Bestreben hängt die Unsitte zusammen, daß Staatsanwalt und Verteidiger Vereinbarungen treffen, wonach der Angeklagte sich wegen eines geringeren Deliktes als des angeklagten schuldig bekennt und der Staatsanwalt dann eine entsprechend geringere Strafe beantragt. (Plea of lesser offense). In New York wurden beispielsweise 1937/38 87 Täter wegen Mordes angeklagt, von denen 48 Prozent wegen eines „lesser offense" verurteilt wurden[99].

[92] Siehe *Middendorff*, The Effectiveness of Punishment, South Hackensack 1968, S. 68ff.

[93] *Sutherland/Cressey*, Principles of Criminology, S. 196.

[94] Siehe *Berr*, Das Polizeiwesen in den USA, Kriminalistik, 1969, S. 373ff.

[95] *Karlen*, Anglo-American Justice, Oxford 1967, S. 11ff.

[96] Siehe *Brannon*, The Crooked Cops, Evanston, Ill. 1962.

[97] The Challenge of Crime, S. 191.

[97a] Zur Geschichte der kanadischen Polizei siehe: *Johann* a. a. O. (Teil I, Anm. 49) S. 155ff.

[98] Uniform Crime Reports, S. 30.

Auf der Ebene der Gerichte gibt es ähnliche Ausfallserscheinungen, Judge *Lyle* berichtet in seinem Buch mehrfach, wie er einem ihm vorgeführten Angeklagten eine Kaution zur Vermeidung der Untersuchungshaft von 100000 Dollar auferlegt hatte und dann der Verteidiger einfach zu einem anderen oder einem höheren Richter ging, der die Kaution auf den bis dahin üblichen Betrag von 5000 oder 10000 Dollar herabsetzte; „sie waren dann wieder in Freiheit, um Zeugen einschüchtern oder töten zu können"[100].

Für berühmte Verteidiger ist es nicht schwer, die „richtigen" Mitglieder der Jury auszuwählen und mindestens einen oder zwei so weit zu beeinflussen, daß die für den Schuldspruch erforderliche Einstimmigkeit der zwölf Geschworenen nicht zustande kommt. Alan *Hynd* fragt in der Einleitung zu den Biographien einiger berühmter Anwälte, was wohl mit der Göttin Gerechtigkeit geschehen wäre, wenn Earl *Rogers*[101], Clarence *Darrow* und William *Fallon* zur gleichen Zeit in derselben Gegend gearbeitet hätten[102]. Jake *Ehrlich* verteidigte bis April 1954 in 55 Mordfällen. 41 seiner Klienten wurden freigesprochen, die übrigen wegen eines „lesser offense" verurteilt[103]. Chippy *Patterson* verteidigte von 1903 bis 1933 in Philadelphia in 401 Mordfällen; 8 Täter wurden tatsächlich hingerichtet, 171 freigesprochen und 222 zu einer Freiheitsstrafe von durchschnittlich 6 Jahren verurteilt[104].

Wolfgang kam nach einer Untersuchung der vorsätzlichen Tötungen in Philadelphia zu folgendem Ergebnis: Von 387 unter der Anklage der vorsätzlichen Tötung verurteilten Tätern wurden nur 20 Prozent tatsächlich auch wegen Mordes verurteilt, 29 Prozent wegen Totschlags, 36 Prozent wegen Körperverletzung mit Todesfolge und 15 Prozent wegen fahrlässiger Tötung[105].

Das Prinzip der Einstimmigkeit bei der Verurteilung führt dazu, daß schuldige Täter freigesprochen werden können[106]. In Maine

[99] *v. Hentig*, Das Verbrechen I, Berlin 1961, S. 122; *v. Hentig*, Die unbekannte Straftat, Berlin 1964, S. 116—117.

[100] A. a. O. (Teil I, Anm. 96) S. 17.

[101] Siehe Rogers St. *Johns*, Final Verdict, New York 1964.

[102] Defenders of the Damned, New York 1962, S. V.

[103] *Noble/Averbuch*, Never Plead Guilty, New York 1955, S. 6.

[104] *Lewis*, The Worlds of Chippy Patterson, London 1961, S. 14. William *Scharton* erreichte in 38 Mordprozessen 28 Freisprüche, Boston Murders, hrsg. von *Makris*, New York 1948, S 161; siehe auch *Lustgarten*, Verdict in Dispute, New York 1950, und *Lustgarten*, Defender's Triumph, New York 1951.

[105] Patterns in Criminal Homicide, Philadelphia 1958, S. 327.

[106] Zur Laiengerichtsbarkeit in den USA siehe *Middendorff*, Der Strafrichter, Freiburg im Br. 1963, S. 75ff.

geschah es im 19. Jahrhundert mehrfach, daß sich überhaupt keine Jury fand, wenn die Getöteten Indianer waren. In einem anderen Fall hatten sich 168 Siedler irgendwo ohne Genehmigung angesiedelt, und acht als Indianer verkleidete Siedler hatten einen Landmesser ermordet. Sie wurden angeklagt und von der Jury freigesprochen. Der Richter kritisierte diese Entscheidung und wies „auf die ungeheure Gefahr hin, das Recht des Landes einfach beiseite zu schieben und die Wälle zwischen Recht und Unrecht einzureißen"[107].

Die Kritik an der Laiengerichtsbarkeit wird in den USA immer lauter. Schon die Auswahlprozedur dauert oft sehr lange, in Los Angeles waren es einmal drei Monate, in denen 2371 Laien gewogen und zu leicht befunden wurden[108]. Manche Verteidiger engagieren eigene „Jury-Psychologen"[109]. Die Zahl der von Laien gefällten überraschenden Urteile ist Legion[110].

Weil der Strafprozeß in den USA wie ein Spiel nach Regeln angesehen wird[111], führen Fehler in diesem Spiel zum Abbruch, d. h. es kann geschehen, daß ein Mörder, der offensichtlich schuldig ist, nicht verurteilt wird, wenn irgendein Fehler im Ermittlungsverfahren vorliegt[112].

Vielfach wird in den USA auch über die Lebensfremdheit der Revisionsgerichte geklagt; so hoben die Richter des Texas Appellate Court 1945 ein Urteil wegen Mordes durch Ertränken auf, weil das Urteil „versäumt hatte festzustellen, ob der Tote in Wasser, Kaffee, Tee oder sonstwas ertränkt wurde". Ein Jahr später hoben dieselben Richter ein Urteil auf, in dem ein Mann zum Tode verurteilt worden war, weil er eine alte Frau zu Tode getreten hatte. In dem Urteil sei nicht gesagt worden, daß er mit den Füßen getreten hätte[113]. Andere Mörder können dadurch ihrer Strafe entrinnen, daß sie sich bereit erklären, gegen ihre Mittäter auszusagen. Von dieser Einrichtung des Kronzeugen wird auch heute nicht selten Gebrauch gemacht. Straf-

[107] Capital Trials in Maine before the Separation, in; Collections and Proceedings of the Maine Historical Society, Second Series, Bd. I, Portland 1890; siehe auch *Bruce* a. a. O. (Teil I, Anm. 56) S. 250.

[108] Rogers St. *Johns* a. a. O. (Anm. 101) S. 344.

[109] *Holmes*, The Trials of Dr. Coppolino, New York 1968, S. 107ff.

[110] Siehe *Houts*, Where Death Delights, New York 1968, S. 195—196; *Mayer*, The Lawyers, New York 1968, S. 178; *v. Hentig*, Entlastungszeuge und Entlastungstechnik, Stuttgart 1964, S. 119ff.

[111] *Chapman* spricht von „the barbaric notion of the duel", a. a. O. (Anm. 78) S. 150.

[112] Hierzu *Honig*, Beweisverbote und Grundrechte im amerikanischen Strafprozeß, Tübingen 1967, S. 36 u. S. 41.

[113] Law and Contemporary Problems 1958, S. 598—599.

verfahren gegen große Gangster scheitern oft an der „Taktik der Geheimniswahrung“[114].

In den einzelnen Staaten bestehen ganz unterschiedliche Regelungen, wie lange ein Mörder tatsächlich seine Strafe verbüßt. In Massachusetts sind es bei in lebenslängliche Freiheitsstrafen umgewandelten Todesurteilen 28 Jahre, in Wisconsin nur 12 Jahre[115].

Nach alledem hat ein Mörder heute in den USA eine solide Chance, entweder gar nicht verhaftet oder nicht bestraft zu werden, oder nur eine verhältnismäßig kurze Zeit eine Freiheitsstrafe zu verbüßen.

Das Problem der Waffenkontrolle

Es ist keine neue Erkenntnis, daß die Hauptgefahren, die dem Menschen in unserer Zeit drohen, nicht mehr von der Natur oder von Krankheiten ausgehen, sondern von der Gewalttätigkeit durch andere Menschen[116]. Zu dieser Entwicklung hat die Verbreitung von Schußwaffen entscheidend beigetragen; dies gilt insbesondere für die USA. Man sagt den Amerikanern nach, daß sie ein ganz eigenes Verhältnis zur Schußwaffe haben, daß sie „besessen“ sind; die mächtige National Rifle Association brachte in ihrem Magazin vor einiger Zeit den Satz: „Glück ist ein warmes Gewehr.“ Vielleicht hat es auch zur Wahl des neuen Gouverneurs von Kalifornien, des Schauspielers Ronald *Reagan*, beigetragen, daß er ein Waffensammler und Waffenliebhaber ist und gerne in Cowboy-Uniform vor den Fernsehschirm tritt. *Huie* beschreibt in seinem Buch „Kill-In“ die Waffenausstattung eines Sheriffs in Alabama: „Innerhalb des Wagens gab es genügend Feuerkraft: eine Darringer in Big Tracks Tasche; eine 0,45 Armee-Selbstladepistole auf dem Vordersitz; eine Schrotflinte in einem Klemmrahmen oberhalb der Windschutzscheibe; ein Karabiner unter dem Vordersitz; sowie, im Kofferraum, eine Maschinenpistole, eine Tränengaspistole, Handgranaten. Ferner Gummiknüppel, ein Schlagring, Handschellen und Fußeisen“[117]. Der Polizeichef von Los Angeles, *Parker*, sagte 1960, die Vereinigten Staaten hätten die zweifelhafte Ehre, das gesetzloseste Land der Welt zu sein, und diese Entwicklung sei im Ansteigen. Und ein englischer Journalist, der in Washington lebt, schrieb 1966 die harten Worte: „So sehr ich Amerika liebe und

[114] *v. Hentig*, Entlastungszeuge und Entlastungstechnik, S. 3.

[115] *Macdonald* a. a. O. (Anm. 130, I. Teil) S. 62. Eine Ausnahme ist der Fall, daß eine wegen Mordes zu 93 Jahren Gefängnis verurteilte Frau schon nach 11 Monaten wieder entlassen wurde. *Sullivan*, Girls on Parole, New York 1957, S. 62.

[116] Siehe *Saul*, Hostility, in: Crime, Law and Corrections, S. 53ff.

[117] A. a. O. S. 7—8.

bewundere, seine Waffengesetzgebung stellt es fast außerhalb des Kreises der zivilisierten Nationen."

Der amerikanische Gesetzgeber hat es bisher nicht geschafft, auch nur schwach wirksame Waffengesetze zu erlassen. „Nichts macht den Kongreß unbeweglicher, als wenn Gesetzgebung dringend erforderlich ist. Je dringender eine Vorlage ist und je härter die Meinungen aufeinanderprallen, um so schwerer wird es für jeden Abgeordneten, Stellung zu beziehen."

Bis heute kann man in 41 Staaten der USA und in Washington D. C. ein Gewehr oder eine Pistole kaufen, ohne irgendeine Erlaubnis nötig zu haben. In 7 Staaten braucht man eine Erlaubnis, um eine Handfeuerwaffe zu kaufen, in einem Staat, in South Carolina, ist der Verkauf von Handfeuerwaffen verboten, und zwei Staaten verlangen die Registrierung aller Schußwaffen (Hawaii und New Jersey). Bezüglich des Erwerbes und Besitzes von Feuerwaffen gibt es nur zwei Bundesgesetze, die aber „antiquiert und unwirksam" sind.

Es ist schwierig zu schätzen, wieviel Feuerwaffen in den USA in privatem Besitz sind, es mögen zwischen 50 Millionen und 200 Millionen sein. Jedes Jahr werden 2 Millionen Schußwaffen verkauft, die im Inland hergestellt wurden, und eine Million wird importiert, d. h. an jedem Werktag kommen rund 10000 Schußwaffen neu in private Hände. „Die Einwohner von Chicago haben wahrscheinlich mehr Schußwaffen im Besitz als die gesamte aktive Armee der Vereinigten Staaten"[118]. 1966 wurden Schußwaffen bei 6500 vorsätzlichen Tötungen, bei 10000 Selbstmorden und bei 2600 fahrlässigen Tötungen, also häuslichen Unfällen, benutzt. Außerdem wurden ungefähr 43000 schwere Körperverletzungen und 50000 Raubüberfälle mit Schußwaffen begangen. Seit 1900 wurden in den Vereinigten Staaten etwa drei Viertel Millionen Menschen durch Schußwaffen in privater Hand getötet, das bedeutet etwa ein Drittel aller Toten, die die USA in Kriegen verloren haben.

Einer der Befürworter einer stärkeren Schußwaffenkontrolle ist der demokratische Senator *Hennings* von Missouri, der mehrere Gesetzesvorlagen einbrachte, dann aber seine Bemühungen resigniert einstellte. Er sagte: „Viele Mitglieder des Kongresses sind bereit, für den Bau von Staudämmen Millionen von Dollar auszugeben, aber sie sind nicht bereit, auch nur 5 Cents auszugeben, um diese Flut von Verschwendung und Unglück aufzuhalten." Dagegen zeigte 1964 eine durch das Gallup-Institut durchgeführte Befragung, daß 71 Prozent der Männer und 75 Prozent der Frauen dafür eintraten, niemandem

[118] *Schlesinger*, Violence: America in the Sixties, New York 1968, S. 45.

solle erlaubt sein, ohne einen polizeilichen Waffenschein eine Schußwaffe zu besitzen.

Im August 1963 wurde durch Senator *Dodd* die Vorlage S 1975 eingebracht, die darauf abzielte, den Verkauf von Handfeuerwaffen durch den Versandhandel zu stoppen. Diese Vorlage war nach einem Jahr Untersuchungen und Anhörungen eingebracht worden, der FBI hatte z. B. ermittelt, daß in etwa 70 Prozent aller vorsätzlichen Tötungen, die mit Schußwaffen begangen worden waren, diese im Versandhandel für einen geringen Betrag zwischen 3 und 4 Dollar erworben worden waren. Zu der Zeit, als diese Gesetzesvorlage eingebracht wurde, gab es 14 Millionen Jäger in den USA und 4 bis 5 Millionen Mitglieder von Schieß-Vereinen und außerdem noch etwa eine Million Waffensammler. Der Sprecher für diese Gruppen ist die 1871 gegründete National Rifle Association. Die Vereinigung wird heute in Washington von einem Gebäude aus verwaltet, das dreieinhalb Millionen Dollar gekostet hat und 250 Angestellte beherbergt. Die Vereinigung verfügt über ein jährliches Einkommen von mehr als 5 Millionen Dollar, teils aus Mitgliedsbeiträgen, teils auch aus Zuschüssen der Waffenhersteller. Nicht zu Unrecht hält man die Vereinigung für eine der wirksamsten Lobbies, die in Washington tätig sind; sie kann, wenn nötig, innerhalb von 72 Stunden mehr als eine halbe Million Briefe, Postkarten und Telegramme an Kongreßmitglieder organisieren. Ein Senator aus dem Westen sagte vor einiger Zeit, er würde lieber ein Wild in der Jagdzeit als die Zielscheibe des Protestes der NRA sein.

Im Dezember 1963 sah es so aus, als ob die Vorlage wenigstens im Ausschuß beraten werden würde, dann aber war plötzlich wieder Ruhe, wahrscheinlich, weil zwei Drittel der Ausschußmitglieder aus den sogenannten „Hunting States" stammten und im nächsten Jahr zur Wiederwahl anstanden.

Allen Gesetzesvorlagen, die den Erwerb oder Besitz von Schußwaffen einschränken sollen, wird entgegengehalten, sie seien verfassungswidrig, weil die Verfassung jedem Bürger das Recht garantiere, Waffen zu besitzen und zu tragen. Im zweiten Zusatz zur Verfassung heißt es: „A well-regulated militia being necessary to the security of a free State, the right of the people to keep and bear arms shall not be infringed." Die NRA zitiert immer nur den zweiten Halbsatz und vergißt den Zusammenhang mit dem ersten. Die NRA hat häufig das im Staate New York geltende Sullivan-Law als abscheulich und kriminell angegriffen; dieses Gesetz ist schon über 50 Jahre alt und verlangt von jedem Einwohner des Staates New York, daß er sich einen polizeilichen Waffenschein besorgt, wenn er eine Handfeuerwaffe kaufen will. Dieses Gesetz wird so streng gehandhabt, daß es innerhalb von New York City auf ungefähr 8 Millionen Menschen nur etwa 17000 Waffenscheine gibt. Bei den Anhörungen im Senat sagte 1965 der damalige Generalstaatsanwalt *Katzenbach*, im gesamten Land würden ungefähr 56 Prozent aller vorsätzlichen Tötungen mit Schußwaffen begangen. In Dallas, Texas, und Phoenix, Arizona, wo es praktisch keine Schußwaffengesetze gibt, seien die Zahlen 72 Prozent bzw. 65,9 Prozent, in New York City dagegen nur 25 Prozent[119]. Der stellvertretende Polizeipräsident von New York City sagte vor dem Ausschuß aus, das Sullivan-Gesetz habe die Polizei in die Lage versetzt, viele Verhaftungen wegen illegalen Waffenbesitzes durchzuführen, bevor der Besitzer der Waffe die Gelegenheit gehabt hätte, ein Gewaltverbrechen zu begehen. 1964 bezeichnete ein Arzt aus Arizona vor dem Ausschuß die Waffenvorlage als verfassungswidrig, und im übrigen sei sie ein weiterer Versuch subversiver Kräfte, die verfassungsmäßige Regierung zu stürzen und die Gewalt zu übernehmen. Man wird hierbei an ein Wort von Bertrand *Russell* erinnert, der in einer seiner verständlichen pessimistischen Stimmungen erklärte, die meisten Menschen stürben lieber, als daß sie denken.

Als die NRA gewisse Anstalten machte, mit dem Kongreßausschuß zusammenzuarbeiten, um eine Kompromißfassung zu erreichen, wurde die Vereinigung von ihren eigenen Mitgliedern angegriffen, und es kam sogar zu Morddrohungen.

Nach dem Wahlsieg Präsident *Johnsons* brachte Senator *Dodd* im Januar 1965 wieder eine ähnliche Vorlage ein, und Generalstaatsanwalt *Katzenbach* wies darauf hin, daß von ungefähr 4000 Feuerwaffen, die von zwei Versandfirmen in Los Angeles an Käufer in Chicago gegangen waren, 25 Prozent von Käufern mit Vorstrafen erworben worden waren. Eine ähnliche Untersuchung in Washington kam zu demselben Ergebnis, was allerdings auf den Gesetzgeber wenig Eindruck machte[120]. Von der NRA wurden immer wieder dieselben falschen Einwände vorgebracht, wobei man noch hervorhob, ein Ausschuß der Vereinigung habe die Gesetzesvorlage geprüft, und diesem Ausschuß würden zwei hohe Richter und vier Rechtsanwälte angehören. Es gibt in den USA 15 Zeitschriften, die ausschließlich Themen über Schußwaffen behandeln. In der Propagandakampagne der NRA werden den Mitgliedern genaue Beispiele gegeben, wie sie ihre Briefe an die Abgeordneten schreiben sollen. Während das Weiße

[119] Siehe auch *LeBrun* a. a. O. (Teil I, Anm. 51) S. 69ff.

[120] Zu oberflächlich auch *Zimring*, Is Gun Control Likely to Reduce Violent Killings?, The University of Chicago Law Review, Sommer 1968, S. 721ff.

Haus vor der Kampagne der NRA im Monat etwa 50 Briefe erhielt, in denen die Meinungen für und wider die Gesetzesvorlage etwa gleich verteilt waren, kamen im folgenden Monat rund 12000 Briefe an, die sich fast alle gegen die Gesetzesvorlage wandten. „Die Aussichten für das Zustandekommen eines neuen Gesetzes, das Waffenerwerb und Waffenbesitz streng kontrolliert, sind so schlecht wie eh und je, wenn nicht die Abgeordneten sich entschließen, das öffentliche Interesse über ihr eigenes zu stellen"[121].

Immer, wenn in den USA die Zentralgewalt versagt, regt sich vereinzelte Initiative von unten. So haben viele Amerikaner nach der Ermordung von Senator Robert *Kennedy* spontan ihre Schußwaffen abgeliefert, und die Stadtverwaltung von San Francisco hat die schärfsten Waffenkontrollbestimmungen erlassen, die es bisher in den USA gibt.

In „The New Yorker" vom 3. 8. 1968 findet sich folgender Cartoon: ein Ehepaar liegt im Bett, der Mann hat ein Gewehr im Arm und schaut verbissen geradeaus. Seine Frau wendet sich ihm zu und sagt: You know something? You and your right to bear arms are beginning to give me a big fat pain in the neck.

3. Die Persönlichkeit des Mörders

Erklärungs- und Typisierungsversuche

Leist sagte 1884 in seiner graeco-italischen Rechtsgeschichte: „Die Tötungsfrage ist die nahezu wichtigste aller Rechtsfragen. Bei ihr hat sich die Menschheit zuerst an die Prüfung des Gegensatzes von Gut und Böse, von Recht und Unrecht gemacht"[122]. Neuerdings geben *Simson* und *Geerds* einen Überblick über die Geschichte des Mordes und seiner Ahndung: „Die Kulturvölker Europas haben von alters her das Leben des Menschen für das wichtigste Gut des strafrechtlichen Schutzes gehalten, der dem Einzelnen zu gewähren ist ... Dieses bemerkenswerte Herausheben der gewollten Tötung aus der Vielzahl der Verbrechen birgt neben rationalen Gründen ersichtlich auch irrationale Elemente in sich, die in der Religion, in uralter Überlieferung und im menschlichen Seelenleben wurzeln, aber auch aus den verborgenen Schichten des menschlichen Wesens emporsteigen"[123].

Es ist daher nicht verwunderlich, daß seit den Anfängen der Kriminologie kaum ein Problem so häufig untersucht wurde wie das,

[121] Alle Ausführungen über die Waffengesetzgebung aus: „The New Yorker" v. 20. 4. 1968; siehe auch NCCD News, November-Dezember 1968, S. 1.

[122] Jena 1884, S. 423.

[123] Straftaten gegen die Person und Sittlichkeitsdelikte in rechtsvergleichender Sicht, München 1969, S. 1 u. S. 4.

warum Morde begangen werden[124], und wer sie begeht. Die Reihe der Spezialuntersuchungen zu diesem Thema ist Legion. Das neueste und auf einsamer Höhe stehende rein kriminologische Werk ist das von *Wolfgang* und *Ferracuti:* ein amerikanischer Soziologe und ein italienischer Mediziner und Psychologe versuchen, ein Konzept für eine integrierte kriminologische Forschung zu entwickeln und die Subkultur der Gewalt zu beschreiben und zu erklären. Ein großer Teil der früheren Untersuchungen zu demselben Thema wird erörtert oder wenigstens erwähnt[125].

Die amerikanischen Lehrbücher der Kriminologie behandeln in der Regel die gewollten Tötungen verhältnismäßig kurz und verwenden zahlreiche Statistiken[126]. Die wohl umfassendste neuere amerikanische Untersuchung, die auch Vergleiche zu anderen Ländern zieht, ist das Buch von *Macdonald* „The Murderer and His Victim"[127]. Die wichtigsten regional orientierten Untersuchungen sind die von *Wolfgang* für Philadelphia[128] und die von *Bensing* und *Schroeder* für Groß-Cleveland[129].

Früher hat *Fraenkel* in New Jersey 1000 Morde untersucht, die in den Jahren 1925 bis 1934 begangen wurden. Die Häufigkeitsziffern (auf 100000 der Bevölkerung gerechnet) variieren von 2,84 bis 7,87; die höheren Zahlen liegen in den Bezirken, die einen größeren Bevölkerungsanteil von Negern haben (S. 676). Von den Tätern, die als Kinder eingewandert sind, ragen die Italiener und Polen hervor. Das mittlere Alter der 1000 Täter liegt bei 32,5 Jahren (S. 684). Bei der Untersuchung der Ursachen, die zu den Bluttaten führten, fand Fraenkel in erster Linie persönliche und familiäre Auseinandersetzungen (S. 686ff.). Von 505 Tätern, die zwischen 1931 und 1935 abgeurteilt wurden, wurden nur 172=34,1% tatsächlich auch wegen Mordes bestraft. 123 = 24,3% wurden wegen eines geringeren Deliktes, 210 = 41,6% wurden überhaupt nicht verurteilt (S. 678). Diejenigen, die zu lebenslänglicher Freiheitsstrafe verurteilt waren, wurden im Durchschnitt nach 11,9 Jahren freigelassen (S. 683)[130].

[124] Wer allerdings der Auffassung ist, „Man is in essence a killer", müßte eher fragen, warum ein Mensch nicht tötet. *Altman/Ziporin*, Born to raise hell, New York 1967, S. 251.

[125] The Subculture of Violence, London 1967.

[126] So z. B. *Reckless* in: Die Kriminalität in den USA und ihre Behandlung, Berlin 1964, S. 44ff., der deutschen Übersetzung seines Lehrbuches „The Crime Problem".

[127] Springfield, Ill. 1961.

[128] Patterns in Criminal Homicide, Philadelphia 1958.

[129] Homicide in an Urban Community, Springfield, Ill. 1960.

[130] One Thousand Murderers, Journal of Criminal Law and Criminology, 1938/39, S. 672ff.

In unserer Zeit hat ein Unterausschuß des amerikanischen Senats, der sich mit der Jugenddelinquenz beschäftigte, auf statistischem Wege folgende Charakteristik des Mörders herausgearbeitet, und diese Feststellungen stimmen mit Ergebnissen aus 60 anderen, größeren Städten überein: „Der ‚typische' Mörder in Washington D. C. benutzt eine Handfeuerwaffe. Das Opfer ist sein Freund, seine Frau oder seine Freundin. Vor seiner Tat ist er sechsmal verhaftet worden, davon zweimal für schwere Verbrechen, einschließlich einmal für ein Gewaltdelikt. Der Killer mit der Schußwaffe ist gewöhnlich ein Mann von 34 Jahren, und der Mord wird gewöhnlich Samstag abend nach einem Streit begangen und nachdem Täter und Opfer Alkohol getrunken haben. Der Mörder benutzt eine aus dem Ausland importierte Handfeuerwaffe, die er für 14 Dollar in einem nahegelegenen Laden gekauft oder durch die Post bezogen hat." In diese Untersuchung wurden alle Personen einbezogen, die in Washington D. C. zwischen Juli 1966 und Juni 1967 einen Mord begangen hatten[131].

Es seien noch die Ergebnisse einiger sozial-psychologischer Untersuchungen angeführt; *Toch* hat Polizeibeamte durch Polizeibeamte und Gewalttäter durch Gewalttäter interviewen lassen. Diese originelle und zunächst einleuchtende Methode hat sich indessen nicht bewährt. Die von *Toch* entwickelte Typologie der Gewalttäter ist zu allgemein und bietet eher ein Bild der Hilflosigkeit gegenüber dem Phänomen der Gewaltkriminalität[132].

Palmer untersuchte 51 Mörder in Neu-England und stellte dieser Gruppe eine Kontrollgruppe gegenüber, die aus Brüdern der Mörder bestand. Die Mörder waren im Durchschnitt zur Zeit der Tat 23 Jahre alt und vorher schon einmal bestraft worden. Mit einer Schußwaffe töteten sie nach einem Streit einen Mann, mit dem sie nicht verwandt waren. Die Mörder litten unter schweren physischen und psychischen Frustrationen, die ihren Schwerpunkt in der frühen Kindheit hatten[133].

Zu ähnlichem Ergebnis kam *Russell* nach einer Untersuchung von jugendlichen Mördern: „Alle Mordtaten hatten ihre Wurzeln in Frustrationen, die mit mütterlicher Vernachlässigung in der frühesten Kindheit zusammenhingen"[134].

In all diesen Untersuchungen ist es jedoch bisher nicht gelungen, besondere — nicht nur nachträglich gefundene, sondern prognostisch

[131] Federal Probation, März 1968, S. 80.
[132] Violent Men, Chicago 1969.
[133] A Study of Murder, New York 1960, S. 1, 36, 78 und 99ff.
[134] *Russell*, A Study of Juvenile Murderers, Journal of Offender Therapy, 3, 1965, S. 84; siehe auch *Middendorff*, Jugendkriminologie, S. 168ff., und *Herren*, Der Mord ohne Motiv, Psychologische Rundschau, 1958, S. 284.

brauchbare — Eigenschaften des Menschen zu finden, der tötet. Der langjährige Direktor des Zuchthauses von San Quentin sagte resigniert: „In all den Jahren habe ich gelernt, daß der Mensch, der einen anderen töten kann, kein besonders ungewöhnlicher Typ ist ... die meisten von denen, die töten, sind sich überhaupt nicht bewußt, was sie tun"[135].

In Deutschland ist *v. Hentig* am tiefsten in die Psyche des Mörders eingedrungen und hat eine Fülle von Material aus den USA und Europa ausgewertet. *v. Hentig* teilt die Morde nach „Mordsituationen" in Gewinnmord, Deckungsmord, Konfliktsmord und Sexualmord ein und fügt noch eine weitere amorphe Gruppe verschiedenster Beweggründe hinzu, zu denen auch motivlose oder motivarme Morde gehören[136].

In England unterschied *Jesse* in ihrem Buch „Murder and Its Motives" sechs Arten des Mordes: Gewinnmord, Mord aus Rache, Mord, um jemanden aus dem Wege zu räumen, Eifersuchtsmord, Lustmord und Mord aus politischer Überzeugung[137].

Die von *Wilson* und *Pitman* herausgegebene „Encyclopedia of Murder" enthält Fälle aus alter und neuer Zeit; die Verfasser unterscheiden drei Arten des Mordes, die erste und seltenste Art sei die des Mordes aus Frustration. Unter die zweite Gruppe falle eine größere Anzahl von Mordtaten, die ihren Ursprung in reiner Gewalttätigkeit und Gefühllosigkeit haben. Zu der größten Gruppe von Mördern seien die zu zählen, die aus der Enge ihres Lebens und aus einem Mangel an Vorstellungskraft heraus töten[138].

Eine Untersuchung des Home Office aus dem Jahre 1961 unterschied Mordtaten nach Motiven und fand bei Männern über 16 Jahren in der Mehrzahl der Fälle als Motiv Streitigkeiten, dann aber auch Eifersucht und Gewinnsucht, ganz selten wurden Morde aus sexuellen Motiven begangen; in einer Reihe von Fällen konnte das Motiv nicht ermittelt werden, weil die Täter Selbstmord begangen hatten. Als Ergebnis wird gesagt: „Die gewonnenen Ergebnisse zeigen, daß diejenigen, die wegen Mordes bestraft wurden, hauptsächlich Per-

[135] *Duffy/Hirshberg*, 88 Men and 2 Women, New York 1963, S. 176.

[136] Zur Psychologie der Einzeldelikte II, Der Mord, Tübingen 1956, S. 45—46; siehe auch *Ghysbrecht*, Psychologische Dynamik des Mordes, Stuttgart 1967; *Gast*, Die Mörder, Leipzig 1930, S. 34ff.; *Lorentz*, Die Totschläger, Leipzig 1932, S. 37ff., und *Rieß*, Die Neufassung des Mordes im Regierungsentwurf 1962 eines neuen Strafgesetzbuches in kriminologischer und kriminalistischer Sicht, Monatsschrift für Kriminologie und Strafrechtsreform, 1, 1969, S. 28ff.

[137] London 1958, S. 11.

[138] London 1961, S. 41.

sonen sind, die im Zusammenhang mit sonstigen Straftaten töten"[139]. Ein besonderes Kapitel widmete *v. Hentig* der Persönlichkeit des Massenmörders; das einzig Verbindende zwischen den verschiedenen Tätern ist die Mordgewöhnung, „die bei jedem echten Massenmörder wächst, als gleite der Mensch immer weiter in alte Bereitschaften der Lebensvertilgung zurück"[140].

Jesse sagte anläßlich der Verurteilung des Mörders Eugen Weidmann, der Massenmörder töte, wie ein anderer Mensch ein Glas Wein trinkt[141]. *Lindsay* glaubt, alle Massenmörder seien in gewisser Beziehung unzurechnungsfähig[142]. Diese Bemerkung führt zu der allgemeineren Frage, inwieweit überhaupt Mörder strafrechtlich verantwortlich sind, ein Problem, das sehr umstritten ist. *Macdonald* vertritt daher die Forderung, alle wegen einer vorsätzlichen Tötung Angeklagten müßten einer psychiatrischen Untersuchung unterzogen werden[143].

Schon früher hatte *Roughead* die Ansicht vertreten, jeder Mörder sei „nicht normal" und hatte gleichzeitig auch auf die dem Kriminologen bekannte und für alle Delikte geltende Tatsache hingewiesen, daß der Mensch viel weniger rational und konsequent handelt, als man dies von ihm erwartet[144].

Mit dieser Auffassung trifft sich eine Bemerkung *Jesses*, wonach die Unbeständigkeit eine der bemerkenswertesten Eigenschaften ist, die den Menschen vom Tier unterscheidet[145]. *Bjerre* schrieb, es sei eine der „so unerhört zahlreichen falschen kriminalpsychologischen Auffassungen, ... daß man den Handlungen der Verbrecher normale oder durchschnittsmenschliche Triebkräfte oder Motive zuschreibt". Die Furcht vor Strafe habe bei keinem Mörder eine nennenswerte Rolle gespielt[146].

139 *Gibson/Klein*, Murder, Home Office, London 1961, S. 23 u. S. 43.

140 Zur Psychologie der Einzeldelikte, a. a. O. S. 37; *Macdonald* a. a. O. (Anm. 127) S. 175ff.; *Teeters/Hedblom*, Hang by the Neck, Springfield, Ill. 1967, S. 190ff.; *Bolitho*, Murder for Profit, New York 1926.

141 Comments on Cain, New York 1964, S. 111; siehe auch *Lustgarten*, The Business of Murder, New York 1968, S. 8.

142 The Mainspring of Murder, London 1958, S. 161.

143 A. a. O. (Anm. 127) S. 161; siehe auch *Wurmser*, Raubmörder und Räuber, Hamburg 1959, S. 63ff., und *Schneider*, Rorschachversuche mit Mördern, Zeitschrift für Diagnostische Psychologie und Persönlichkeitsforschung, 1955, S. 154ff.

144 Tales of the Criminous, London 1956, S. 15 u. S. 122; siehe auch *Franklin*, The World's Worst Murderers, New York 1965, S. 10 u. S. 12.

145 Comments on Cain, S. 45.

146 Zur Psychologie des Mordes, Heidelberg 1925, S. 60, 136 u. 64.

Es seien noch einige weitere klinische, sich oft wiederholende Beobachtungen aus einem umfangreichen Fallmaterial angeführt; *Bjerre*, seinerzeit Professor an der Universität Dorpat, kam in seinen Gefängnisstudien zu dem Ergebnis, der entscheidende Faktor in der Persönlichkeit des Mörders sei seine Schwäche[147]. Die Graphologin Roda *Wieser* fand bei der Untersuchung von Schriftbildern Schwerstkrimineller als besondere Merkmale Schlaffheit und Starre[148]. *Wertham* wies auf die Feigheit vieler Mörder hin[149].

Häufig wird in der Literatur betont, ein wie ungeheures Mißverhältnis zwischen Anlaß und Erfolg der gewollten Tötung besteht. Um kleinere Unannehmlichkeiten zu vermeiden, zieht man sich selbst die ungleich größeren zu[150]. So wurden mehrfach Morde begangen, um eine Eheschließung oder eine Scheidung zu vermeiden[151], oder aus Furcht vor einer Kirchenbuße[152], oder um eine Geldstrafe mit dem Ertrag eines Raubes zu bezahlen[153]. Die Scheidewände, die im Menschen den Gedanken an einen Mord von der tatsächlichen Ausführung trennen, sind oft sehr dünn[154]. Der Besitz einer Schußwaffe kann eine eigene verbrechensfördernde Wirkung haben[155]. *Wertham* schildert einen Fall, der zeigt, wie leicht ein Mensch dazu kommt, einen anderen zu erschießen. Während des Bürgerkrieges 1848 in Frankreich kämpften Revolutionäre von einer Barrikade aus gegen die Truppen. Ein Zivilist, der dabei stand, ärgerte sich darüber, wie schlecht die Revolutionäre schossen. Er nahm deshalb ein Gewehr in die Hand und um zu zeigen, wie man es besser mache, erschoß er einen Offizier am anderen Ende der Straße. Die Revolutionäre forderten ihn daraufhin auf, mit ihnen weiter zu kämpfen, er antwortete ihnen jedoch „Ich interessiere mich nicht für Politik" und ging nach Hause[156].

[147] A. a. O. S. 5; *Wertham*, A Sign for Cain, New York 1969, S. 30; *Goll*, Criminal Types in Shakespeare, The Journal of Criminal Law and Criminology, 1938/39, S. 646: „Not wickedness, but weakness."

[148] Grundriß der Graphologie, München 1969, S. 14—16; *Wurmser* (Anm. 143) a. a. O. S. 92.

[149] A. a. O. (Anm. 147) S. 45.

[150] *Wertham* a. a. O. S. 42.

[151] *v. Hentig*, Der Muttermord, Neuwied 1968, S. 58ff.; *Kilgallen*, Murder One, New York 1967, S. 17.

[152] *Rameckers*, Der Kindesmord in der Literatur der Sturm- und Drangperiode, Rotterdam 1944, S. 25—26.

[153] *Jones*, The Last Two to Hang, New York 1965, S. 77

[154] *Bembé*, Gefährliches Blut, Stuttgart 1950, S. 189.

[155] *Wertham* a. a. O. (Anm. 147) S. 44.

[156] A. a. O. S. 25; siehe auch den fast unmerklichen Übergang vom medizinischen Versuch zum Mord in: Medizin ohne Menschlichkeit, hrsg. von *Mitscherlich* und *Mielke*, Frankfurt 1960, S. 41ff.

Das oben genannte wesentliche Charakteristikum der Schwäche findet sich besonders auffallend bei Mördern in den USA. In diesem Zusammenhang sei auf die Erfahrungen des Korea-Krieges hingewiesen; bei vielen amerikanischen Soldaten zeigte sich ein geradezu erschreckender Verlust an Haltung in der Gefangenschaft und ein Mangel an Widerstandskraft gegenüber den Versuchen der Gehirnwäsche. Schon der Anblick von Toten oder das Erlebnis direkten Beschusses führte zu ständigen Komplikationen. Als unter den Soldaten bekannt wurde, bei Befehlsverweigerung in stress-Situationen erfolge keine Bestrafung, sondern man komme in psychiatrische Behandlung, häuften sich die Fälle von Simulation. In der Zeitschrift „Epoca" vom April 1968 findet sich eine Analyse der amerikanischen Armee in Vietnam, und der Verfasser, Stephan *Laurents*, kommt zu für die amerikanische Armee außerordentlich ungünstigen Ergebnissen. So heißt es beispielsweise, die innere Substanz der amerikanischen Armee reiche für den harten Krieg in Vietnam nicht aus, die Psyche der amerikanischen Soldaten sei nur wenig belastbar. Die Reportagen Adalbert *Weinsteins* in der „Frankfurter Allgemeinen Zeitung" sind allerdings für den amerikanischen Soldaten in Vietnam weitaus günstiger.

Abschließend sei noch eine Formulierung angeführt, die von dem früheren Leiter der Berliner Kriminalpolizei, *Liebermann von Sonnenberg*, stammt: „Die meisten Mörder sind eigentlich gar nicht Kriminelle, sie sind Hilflose, die in Panik etwas gewiß Furchtbares begehen, etwas Sinnloses, so wie der Nichtschwimmer im Wasser sinnlos um sich schlägt, den Mund zum Schreien öffnet und dadurch erst recht das Wasser schluckt, das ihn zum Sinken bringt. Kein wirklich Krimineller wird so entsetzlich dumm sein, seinen Kopf wegen einiger Mark, wie sie oft genug das Äquivalent für einen Mord bilden, zu riskieren — er wird lieber betrügen oder stehlen"[157].

Nach den Erfahrungen von *Wulffen* gehören die Mörder in den Zuchthäusern nicht selten zu den besseren Elementen, die sich tadellos führen und in Vertrauensstellen gelangen[158]. Es ist ein eindeutiges Ergebnis der kriminologischen Forschung, daß die strafrechtliche Schwere eines Deliktes keine prognostisch ungünstige Bedeutung hat, daß vielmehr den meisten Mördern eine günstige Prognose gestellt werden kann, und daß ihre Rückfallquoten nach der Entlassung auf

[157] *v. Schmidt*, Mord im Zwielicht, Stuttgart 1961, S. 261.
[158] Kriminalpsychologie, Berlin 1926, S. 400; siehe auch *Wurmser* a. a. O. (Anm. 143) S. 48.

Bewährung geringer sind als die anderer Täter[159]. Zwischen 1945 und 1954 wurden in Kalifornien 342 Mörder auf Bewährung entlassen, 37 verletzten die Bewährungsauflagen, einer von ihnen beging einen Totschlag, ein anderer einen versuchten Mord. „Keine andere Gruppe von Tätern hatte einen so niedrigen Rückfallprozentsatz"[160].

Nach einer englischen Statistik, die die Jahre 1928 bis 1948 umfaßt, wurden 147 Mörder zu einer lebenslangen Zuchthausstrafe verurteilt, und von ihnen wurden 112 bis zum Jahre 1948 entlassen, von diesen 112 wurde nur ein einziger wegen eines nochmaligen Mordes angeklagt[161].

Zusammenfassend muß der Kriminologe feststellen, daß es bis heute nicht gelungen ist, einen einheitlichen Typ des Mörders zu ermitteln, und daß dies auch in Zukunft wahrscheinlich nicht gelingen wird. *Mergen* hat einmal mit Recht gesagt: „Wer und wie ein Mörder ist, weiß nur der Laie"[162].

In den USA ist noch viel Material aus Gerichtsberichten und Fallschilderungen auszuwerten[163]. Dieses Material kommt selten von berufsmäßigen Kriminologen, häufiger stammt es von sehr engagierten Schriftstellern und Journalisten, die die Mörder in der Hauptverhandlung sahen und hörten und in ihren Berichten vielfach ein tiefes Verständnis für Tat und Täter zeigen und damit eine Forderung erfüllen, die *Wertham* an den Beruf des wissenschaftlichen Kriminologen stellt, nämlich weniger mit Zahlen und Experimenten zu arbeiten und mehr die Menschen versuchen zu verstehen[164]. Diese Aufgabe hat z. B.

159 *Middendorff*, Die kriminologische Prognose in Theorie und Praxis, Neuwied 1967, S. 112.

160 The Death Penalty in America, hrsg. von *Bedau*, Garden City 1964, S. 397ff. mit weiteren Beispielen; siehe auch *Sellin*, The Death Penalty, Philadelphia 1959, S. 76ff., und *Clinard* a. a. O. (Anm. 148, 1 Teil), 1. Aufl. S. 210, 3. Aufl. S. 259.

161 *Middendorff*, Todesstrafe — Ja oder Nein? Freiburg 1962, S. 45; La peine de mort dans les pays européens, Conseil de l'Europe, Straßburg 1962, S. 44.

162 In: Vorträge im Landeskriminalpolizeiamt Niedersachsen, Heft III, Hannover 1966, S. 63; siehe auch *Mezger*, Kriminologie, München 1951, S. 37; *Louwage*, Psychologie und Kriminalität, 2. Aufl., Hamburg 1968, S. 312ff.; *Blühm*, Die Kriminalität der vorsätzlichen Tötungen, Bonn 1958, S. 84; *Brückner*, Zur Kriminologie des Mordes, Hamburg 1961, S. 79ff.; *Middendorff*, Soziologie des Verbrechens, S. 191ff.; *Mergen*, Die Wissenschaft vom Verbrechen, Hamburg 1961, S. 120ff.; *Niggemeyer* u. a., Kriminologie, BKA, Wiesbaden 1967, S. 262ff., und *Herx*, Der Giftmord, Emsdetten 1937, S. 196ff. mit Vorschlägen für die Strafzumessung bei Tötungsdelikten.

163 Siehe auch *Middendorff*, Materialien zur Geschichte des Verbrechens in den USA, S. 246ff.

164 A. a. O. (Anm. 147) S. 28.

Gerold *Frank* in seinen Büchern meisterhaft erfüllt[165]; in der Einleitung zu seiner Geschichte des Massenmörders von Boston sagt *Frank*, er habe sein Buch so erlebt und gelebt, wie er es geschrieben habe[166]. Unter allen Autoren und Sammlern von amerikanischen Mordfällen ragt der 1937 verstorbene Edmund L. *Pearson* hervor, dessen Bücher wahre Meisterwerke der historischen Kriminologie sind[167].

In Schottland besuchte *Pearsons* Freund William *Roughead* (1870—1952) von frühester Jugend an Gerichtssitzungen gegen Mörder und wurde in einem langen „life in crime", wie sein Sohn es nannte, allmählich zur größten Autorität auf dem Gebiet der Gerichtsberichterstattung und der Täterpsychologie. In der Einleitung zu dem nach seinem Tode herausgegebenen Buch „Classic Crimes" heißt es, bei seinen Schilderungen habe der Künstler manchmal den Wissenschaftler überwältigt[168]. Er selbst schrieb früher einmal von seinem „enjoyment of murder"[169]. Über die schon erwähnte Engländerin Tennyson *Jesse*, die auch einige Bände der Serie „Notable British Trials" herausgegeben hat, wird in der Einleitung zu ihrem Buch „Comments on Cain" gesagt, sie und andere Schriftstellerinnen hätten eine besondere Gabe der Intuition gezeigt und die Persönlichkeit des Mörders so erfaßt, wie es vielleicht nur Frauen möglich sei[170].

Eine eigene Literaturgattung, Dichtung und Tatsachenbericht zugleich, soll das Buch von Truman *Capote* „In Cold Blood" darstellen. Es behandelt die Ermordung einer Farmersfamilie 1959 in Kansas. Man hat *Capote* den Vorwurf gemacht, er hätte die Täter allzu kalt seelisch seziert.

In der schöngeistigen Literatur werden Mord und Mörder sehr häufig behandelt[171]. *Goll* meint, die besten Charakterschilderungen von Mördern, die für alle Zeiten und für alle Völker gültig sind, stammten aus der Feder *Shakespeares*. Demgegenüber habe *Dostojewski* in seinem „Raskolnikov" zwar eine außerordentlich wertvolle

[165] Siehe: The Deed, New York 1963.

[166] The Boston Strangler, New York 1967, S. VII; Walter *Gibson* hat sich so in seine Fälle verliebt, daß er seiner Sammlung von Mordberichten den Titel „The fine art of Murder" und den Untertitel „11 köstliche tödliche wahre Geschichten" gab. New York 1965.

[167] Studies in Murder, New York 1933; Masterpieces of Murder, London 1966; Murders that Baffled the Experts, New York 1967.

[168] London 1962, S. 11—12.

[169] Tales of the Criminous, S. 19.

[170] A. a. O. S. 5.

[171] Siehe die Übersicht bei *Macdonald* a. a. O. (Anm. 127) S. 372 ff., und die argentinische Arbeit: Antonio *Quintano Ripolles*, La Criminologia en la Literatura Universal, Biblioteca Policial, No. 220, Buenos Aires 1963.

kriminalpsychologische Studie entworfen, sie sei aber nur für Rußland gültig[172].

Hemingway hat sich stets mit dem Tod und dem Töten beschäftigt; in seiner Novelle „Schnee auf dem Kilimandscharo" sagt er: „Wahrscheinlich versucht man zu töten, um sich selbst am Leben zu erhalten." In dem Roman „Wem die Stunde schlägt", spricht *Hemingway* von der Freude am Töten, wie auch Thomas Mann in der Erzählung „Das Gesetz" das Töten „köstlich" nennt.

Eine der besten literarischen Gestaltungen eines Mordfalles ist wohl Theodore *Dreisers* „Amerikanische Tragödie", Clyde Griffith steht zwischen zwei Frauen und zwei Gesellschaftsklassen und wählt als Ausweg die Ermordung seiner Geliebten. Somerset *Maugham* schildert in seiner Erzählung „Mackintosh" in unübertrefflicher Weise, wie der Wunsch, einen Menschen zu ermorden, langsam wächst, und wie der Täter einen Eingeborenen als Werkzeug benutzt, im Augenblick des Sterbens im Opfer seinen Freund erkennt und anschließend Selbstmord begeht.

Balladen, Verse, Volkslieder und Moritaten verraten viel Mitleid und Verständnis für diejenigen, die *Dostojewski* in seinen „Erinnerungen aus einem Totenhaus" nicht Verbrecher, sondern Unglückliche genannt hat[173]. Gemessen am jahrzehntelangen Aufwand der kriminologischen Forschung, am Gedankenreichtum von Fachleuten und Laien, Journalisten und Schriftstellern sind die in die Persönlichkeit des Mörders gewonnenen Einsichten als geringfügig und für die Praxis nur wenig brauchbar anzusehen. Der Kriminologe darf sich mit diesem Stand der Dinge nicht begnügen; ich möchte daher versuchen, durch einige zusätzliche Bemerkungen die Diskussion um die Persönlichkeit des Mörders weiterzuführen[174], wie dies *v. Hentig* schon vielfältig angeregt hat[175].

Lohnmörder und Auftraggeber

Von der Persönlichkeit des Täters her gesehen ist es sicher ein Unterschied, ob er das Opfer mit der Hand erschlägt oder erwürgt oder aus einer gewissen Entfernung eine Schußwaffe benutzt, das

172 A. a. O. (Anm. 147) S. 501.

173 Siehe *Burt*, American Murder Ballads, New York 1964, und: Old Irish Street Ballads, hrsg. von *Healy*, Cork 1967.

174 Siehe die Fallbeispiele in *Velden*, Die Kriminologie in der Praxis, Hamburg 1966, Kriminologie in der polizeilichen Praxis, Köln 1967, und *Weimann*, Diagnose Mord, München 1967.

175 Siehe *v. Hentig*, Der Mordbrand, Neuwied 1965; *v. Hentig*, Der Schiffsmord, Hamburg 1967, und *v. Hentig*, Der Muttermord, Neuwied 1968.

Opfer also gar nicht berührt. Nach Konrad *Lorenz* hat schon die Erfindung der ersten Waffe das bisher vorhandene Gleichgewicht zwischen Tötungsfähigkeit und instinktmäßiger Tötungshemmung gestört. „Gleiches gilt in unvergleichlich höherem Maße für die modernen Feuerwaffen, bei deren Gebrauch wir gegen alle hemmungsauslösenden, Mitleid erregenden Reizsituationen weitgehend abgeschirmt sind"[176].

Claude *Brown*, ein Jurist, im Negerviertel Harlem großgeworden, beschreibt, wie er von Jugend an mit Gewalt und Mord vertraut war, wie es für seine Kameraden fast selbstverständlich war zu töten, wie er selbst aber im entscheidenden Augenblick davor zurückschreckte, Hand an sein Opfer zu legen und auch später nie dergleichen tun konnte, sondern Harlem verließ. Von da ab gehörte er nicht mehr „dazu"[177].

Weiter besteht ein Unterschied zwischen dem, der mit der Schußwaffe eigenhändig tötet und seinem Auftraggeber, der unmittelbar mit dem Opfer nicht in Berührung kommt. Schon *Feuerbach* kannte den Begriff des „Lohnmörders", d. h. des gedungenen Mörders zur Beseitigung mißliebiger Personen. Der gedungene Mörder aus politischen Gründen ist in den letzten Jahren mehrfach in Erscheinung getreten, zu dieser Gruppe gehörten der Mörder Trotzkis, Ramon Mercader, und Bogdan Staschynskij, der im Auftrage des sowjetischen Staatssicherheitsdienstes zwei ukrainische Exilpolitiker ermordete[178]. *Wyden* hat „the hired killers" zum Gegenstand einer besonderen Untersuchung gemacht und nennt sie „Symbole unserer modernen Existenz"[179]. *Wyden* sieht keinen Unterschied zwischen den vom Staat angestellten Henkern und den Killern mächtiger Verbrecherorganisationen. Er unterscheidet zwei Arten von Lohnmördern, die erste Gruppe sind Angehörige von Minderheiten, die nur geringe Chancen des Vorwärtskommens haben, die anderen seien diejenigen, die grundsätzlich gegen die Gesellschaft aufbegehren. Weiter unterscheidet *Wyden* zwischen den hauptberuflichen Mördern und denen, die nur „semi-professional" arbeiten. Die Angehörigen beider Gruppen sind für „lächerlich geringe" Summen zum Töten zu bewegen[180].

Fast noch wichtiger und interessanter als die Persönlichkeit des Lohnmörders ist die seines Auftraggebers, die aus erklärlichen Gründen bis heute nur sehr selten untersucht worden ist. *Wyden*

[176] A. a. O. (Anm. 10) S. 339.
[177] Manchild in the Promised Land, New York 1966.
[178] *Middendorff*, Der politische Mord, a. a. O. S. 45ff.
[179] New York 1964, S. 5.
[180] A. a. O. S. 20.

schildert in seinem Buch die Ermordung des Richters Chillingworth und seiner Frau; „the little judge" Peel hatte die Mörder gedungen, weil er die Enthüllung seiner White-Collar-Verbrechen befürchtete. Peel selbst konnte den Anblick von Blut nicht ertragen[181].

Ein anderer Auftraggeber war Carole Tregoff, die versuchte, in Las Vegas einen Gangster zu finden, der die Frau ihres Geliebten, Dr. Finch, erschießen sollte. Der Gangster nahm das Geld, tat aber nichts[182]. *Brophy* weist darauf hin, die Schrecken des Mordes seien für den Auftraggeber auf die Größe eines Bridge- oder Schachproblems zusammengeschrumpft[183].

Wie häufig führende Politiker ihre Gegner durch gedungene Mörder erledigt haben, wird niemals aufgeklärt werden können, ebensowenig wird man erfahren, wie derartige Entschlüsse zustande gekommen sind und wie groß die Skrupel waren, die überwunden werden mußten. Es wäre beispielsweise interessant, die Gedankengänge zu erfahren, die Prinz Eugen bewegten, als ihm der österreichische Resident in der Türkei schriftlich den Vorschlag machte, den unbequemen französischen Ratgeber des Sultans, Bonneval, durch Diamantenpulver, das man ins Essen streuen wollte, beseitigen zu lassen. Prinz Eugen leitete den Bericht an den Kaiser weiter, „auch Karl VI. wird eine Weile die Feder gehalten haben, ehe er das placet in toto schrieb". Dem Residenten wurde ein Kredit von 1250 Dukaten für diesen Zweck eingeräumt, wahrscheinlich hat der gedungene Mörder aber nur eine Anzahlung genommen und nichts dafür getan[184].

Nachdem Napoleon den Herzog von Enghien hatte entführen und erschießen lassen, plagte ihn die Erinnerung daran bis an sein Ende. Wir wissen, daß Napoleon sich immer wieder zu rechtfertigen versuchte; so schlug er beispielsweise vor, auf dem Fürstentag in Erfurt möge Corneille's „Cinna" aufgeführt werden, wo es heißt, daß alle „Verbrechen des Staates" von den Göttern gerechtfertigt werden[185].

In unserer Zeit denkt man, wenn man von Schreibtischmördern spricht, sofort an die Persönlichkeit Eichmanns und an Hannah *Arendts* Wort von der „Banalität des Bösen", das auf harte Kritik

[181] *Wyden* a. a. O. S. 117 u. S. 139ff.; siehe auch *Bishop*, The Murder Trial of Judge Peel, New York 1963, und Hutter, The Chillingworth Murder Case, Derby, Connecticut 1963.

[182] *Ambler*, The Ability to Kill, London 1963, S. 46ff.

[183] The Meaning of Murder, London 1966, S. 183.

[184] *Benedikt*, Der Pascha — Graf Alexander von Bonneval, Graz 1959, S.97—98.

[185] *Balchin* u. a., Fatal Fascination, London 1968, S. 182—183; *Friedenthal*, Goethe, Bd. II, München 1968, S. 519.

stieß[186]. Eine überraschende Deutung der Persönlichkeit Eichmanns verdanken wir *Szondi. Szondi* wertete die Testunterlagen Eichmanns aus, ohne zu wissen, um welche Versuchsperson es sich handelte, und kam zu dem Ergebnis, Eichmann habe aus reiner Mordlust getötet[187]. *Jäger* hat im Zusammenhang mit seiner Untersuchung der „Verbrechen unter totalitärer Herrschaft" auf den Entlastungsfaktor bei den Schreibtischtätern, nämlich die schon genannte Entfernung vom Tatort, hingewiesen; dieses Problem der Distanz ist bis heute kriminologisch noch kaum untersucht worden[188]. Die Beziehung Auftraggeber — Ausführender ist nur eine der vielfältigen Teilnahmeformen beim Mord, die bisher kriminologisch zu wenig beachtet wurden[189].

Crime Passionnel

Wer die Mordkriminalität in den USA untersucht, wird sich die Frage stellen, ob es in Amerika ein ähnliches Phänomen wie das des „Crime passionnel" gibt, dem wir in Frankreich oder auch anderen Ländern begegnen[190]. *Ghysbrecht* hat das Leidenschaftsverbrechen dahingehend definiert, der Tötung gehe immer eine emotional besetzte sexuelle Beziehung voraus[191]. Schon immer haben Kriminologen Sexualität und Tötung in engem Zusammenhang gesehen[192]. Nach *Rasch* stellen Geschlechtsverkehr und Tötung die beiden intensivsten Formen des sozialen Umgangs dar, die die Integrität der anderen Persönlichkeit durchbrechen. Die Intimität ist gleichsam die „Brücke der Gewalttätigkeit"[193]. Ein Leidenschaftsverbrechen ist jedoch auch ohne vorangegangene Intimität z. B. dann möglich, wenn die Aggression vom ursprünglichen Intimpartner auf ein anderes Opfer übertragen wird[194].

[186] Siehe „Die Kontroverse Hannah Arendt, Eichmann und die Juden", München 1964.

[187] Siehe „Crime, Law and Corrections", S. 16ff., und *Reynolds*, Adolf Eichmann, Zürich 1961.

[188] Olten 1967, S. 290ff.; siehe auch *Blau*, Zur Kriminologie der nationalsozialistischen Gewaltverbrechen, in: Kriminologische Wegzeichen, S. 197 u. S. 207.

[189] Siehe *v. Hentig*, Zur Psychologie der Einzeldelikte, S. 250ff.; Irving, A Book of Remarkable Criminals, London 1918, S. 15ff.

[190] Siehe *Irving* a. a. O. S. 21ff.; *Berg*, Tatmotiv Leidenschaft, München 1966, und *Berg*, Die großen Affairen, München 1967.

[191] Psychologische Dynamik des Mordes, Frankfurt 1967, S. 50.

[192] *Nass*, Die kriminologische Beurteilung sexueller Tötungsdelikte, Neuwied 1966, S. 23.

[193] Tötung des Intimpartners, Stuttgart 1964, S. 90—92.

[194] *Ghysbrecht* a. a. O. (Anm. 136) S. 54—55.

Ghysbrecht unterscheidet zwei Formen des crime passionnel, einmal die Tötung als Folge eines plötzlichen Gefühlsausbruchs, die häufig als das eigentliche Leidenschaftsdelikt angesehen wird, und daneben die scheinbar überlegte Handlung, die sich aus einer langen Periode des inneren Konfliktes entwickelt. Die unterschiedlichen Verhaltensformen der Täter hängen mit Charakter- und Temperamentsunterschieden zusammen[195].

Früher hat man nur die Affekthandlung zum crime passionnel gerechnet, und *Müller* hat 1789 den Affekt folgendermaßen definiert: „Wenn ein Mensch im Affekt handelt; so handelt er ohne alle Vernunft; die sinnlichen Ideen erhalten das Uebergewichte, und verdunkeln alle intellektuellen Begriffe der Seele; er muß sich also ieden Gegenstand schlechterdings verwirrt vorstellen; wer aber nicht distinctam boni et mali representationem hat, der kann auch nicht mit gehöriger Moralität handeln"[196].

Ghysbrecht hat die häufigsten Motive des Leidenschaftsdeliktes zusammengestellt, sie sind:

1. Gefühle der Benachteiligung durch den Partner,
2. verletztes Ehrgefühl und verletzte Eigenliebe,
3. Angst, den Partner zu verlieren,
4. Eifersucht[197].

Stefan *Zweig* glaubte bei seinen psychologischen Studien zur Geschichte Maria Stuarts ein besonders auffälliges Kennzeichen des Mordes aus Leidenschaft entdeckt zu haben: „Aber es gehört zum Wesen der Leidenschaft, daß ihr jähes Aufbäumen nach solchen wilden Ausbrüchen erschöpft in sich zurückfällt. Und dadurch unterscheidet sich grundlegend der Verbrecher aus Leidenschaft von dem wirklichen, von dem geborenen, dem Gewohnheitsverbrecher. Der bloß einmalige Täter, der Verbrecher aus Leidenschaft, ist meist der Tat gewachsen, selten ihren Folgen." *Zweig* meint, nach der Tat versage der Leidenschaftsverbrecher völlig und versinke, wie dies auch bei Maria Stuart der Fall gewesen sei, in eine Seelenstarre, die jede Verteidigung, auch wenn sie noch so gerechtfertigt sei, verhindere[198].

[195] *Ghysbrecht* a. a. O. (Anm. 136) S. 50—51.
[196] Abhandlung über den Maßstab der Verbrechen und Strafen, Altenburg 1789, S. 83.
[197] A. a. O. (Anm. 136) S. 57; siehe auch *v. Hentig*, Der Hausfreund, Monatsschrift für Kriminologie und Strafrechtsreform, 1958, S. 1ff., und die Fälle bei *Horbach*, Gespräch mit dem Mörder, Bayreuth 1965.
[198] Maria Stuart, Amsterdam 1949, S. 277ff.

Der Täter aus Leidenschaft denkt oft nicht an Flucht, es sei denn in der Form des Selbstmordes[199].

Sieht man nach diesen Gesichtspunkten eine Fallsammlung amerikanischer Morde durch, die sich „Murder-Family Style" nennt, so wird man weder dem Wort Leidenschaft oder einer Bezugnahme auf das französische crime passionnel, noch der von *Zweig* erwähnten Seelenstarre begegnen[200]. Die Polizeistatistik des FBI enthält bei der Aufgliederung der Mordtaten allerdings das Motiv „Romantic Triangle and Lovers Quarrels", gibt aber keine nähere Erläuterung dazu; es muß hinzugefügt werden, daß das Wort „romantic" in Amerika eine schwächere Bedeutung hat als im Deutschen. *Teeters* und *Hedblom* bringen eine Reihe von „Triangle Murder Cases"[201], die Tötungsart ist in den überwiegenden Fällen Vergiften. Dagegen deuten die Umstände einer anderen Tat auf ein crime passionnel: Laura Fair erschoß im November 1870 auf einem Fährschiff in der Nähe von San Francisco ihren Geliebten, als sie ihn Arm in Arm mit seiner Frau sah. Dann ließ sie sich widerstandslos festnehmen[202].

Vielleicht ist der Westen der USA ein besserer Boden für Leidenschaftsverbrechen als die Neu-England-Staaten; Earl *Rogers* verteidigte einen Mann, der seine Geliebte erschossen hatte. Böse Zungen warfen dem Verteidiger vor, er habe seinem Klienten erst nach dem Mord geraten, sich Vitriol ins Gesicht zu spritzen, um Notwehr geltend machen zu können. Später verteidigte Earl *Rogers* eine Prostituierte, die ihren Zuhälter erschossen hatte, als dieser ein ehrbares Mädchen heiraten wollte. Beide Angeklagten wurden freigesprochen[203].

Für Frankreich hat *Goodman* für drei Jahre die Fälle von Leidenschaftsverbrechen zusammengestellt. 1954 standen in Paris 15 Männer und 10 Frauen wegen eines crime passionnel vor Gericht, 1955 waren es 15 Frauen und 14 Männer und 1956 14 Frauen und 11 Männer[204].

Die Engländer sind nach *Jesse* vom Leidenschaftsverbrechen fast gänzlich „gnädigst verschont"[205]. Die englische Rechtsprechung gewährt nur eine Strafmilderung für die Tat, die im Affekt und provo-

[199] Siehe *Williams*, Rogues and Rascals in English History, New York 1962' S. 131ff.

[200] *Lipsig*, Murder — Family Style, New York 1962.

[201] A. a. O. (Anm. 140) S. 352ff.

[202] San Francisco Murders, hrsg. von *Bosworth* u. a., New York 1947, S. 17ff.; siehe auch den Fall Harry Thaw in: Courtroom USA 1, hrsg. von *Furneaux*, London 1962, S. 67ff., und: Chicago Murders, hrsg. von *Rodell*, New York 1945, S. 143ff.

[203] Rogers St. *Johns* a. a. O. (Anm. 101) S. 369 u. S. 529ff.

[204] Crime of Passion, London 1958, S. 11.

[205] Comments on Cain, S. 24; siehe auch *Franklin* a. a. O. (Anm. 144) S. 155.

ziert geschehen ist, nicht für die, die sich länger vorbereitet hat[206]. Ruth Ellis, die ihren Geliebten erschossen hatte, wäre in einem anderen Land wahrscheinlich nicht zum Tode verurteilt und schon gar nicht hingerichtet worden[207].

Die Rolle der Frau beim Leidenschaftsverbrechen und anderen Mordtaten hat *Gundolf* beschrieben[208]. Hans *Habe* sammelte 30 Jahre lang Material über das Schicksal der Gräfin Tarnowska, die 1907 mit Hilfe eines ihrer Geliebten einen zweiten Geliebten überredete, einen dritten Geliebten zu ermorden. *Habe*s Buch ist mehr Tatsachenbericht als Roman[209].

Der amerikanische Gerichtsmediziner Milton *Helpern* hat aus seiner Erfahrung darauf hingewiesen, daß Leidenschaftsverbrechen unter Homosexuellen besonders grausam ausgeführt werden, das Opfer wird auch nach seinem Tod noch sinnlos gestochen oder geschlagen[210].

Die schöngeistige Literatur ist voll von Leidenschaftsverbrechen[211].

Mord und andere Delikte

Wenn oben gesagt wurde, daß es keinen besonderen Typ des Mörders gibt, ist zu fragen, ob sich der Mord vielleicht aus einer Verbindung mit anderen kriminellen Verhaltensweisen erklärt und deren Steigerung darstellt. Nach *Wertham* sind die Ursachen der Morde „sehr ähnlich" denen, die zu anderen Delikten führen[212]. *Seelig* führt in seiner Typenlehre den Mörder unter fünf seiner Typen in Zusammenhang mit anderen Delikten auf, nämlich unter den Krisenverbrechern, den aggressiven Gewalttätern, den Verbrechern aus sexueller Unbeherrschtheit, den primitiv-reaktiven Verbrechern und den Überzeugungsverbrechern[213].

Als erstes ist Mord eine, die schwerste Form der Aggression. Nach *Hassenstein* schließt die menschliche Aggression „bei der Natur

[206] Crime and Criminals, hrsg. von *Scott*, New York 1961, S. 91.

[207] Siehe *Habe*, Meine Herren Geschworenen, Zürich 1964, S. 297.

[208] Kriminalistische Akzente, hrsg. von *Schäfer*, Hamburg 1968, S. 345ff.; auch der belgische Kriminologe *de Greeff* hat sich mit den Ursachen des crime passionnel befaßt, *Kinberg* a. a. O. (Anm. 23) S. 142; ferner *Damrow*, Frauen vor Gericht, Frankfurt 1969, S. 87ff.

[209] Die Tarnowska, München 1968.

[210] *Houts*, Where Death Delights, New York 1968, S. 259.

[211] Siehe *Quintano Ripolles* a. a. O. (Anm. 171) S. 101ff.

[212] A. a. O. (Anm. 147) S. 38 u. S. 43.

[213] Hierzu *Mezger*, Das Typenproblem in Kriminologie und Strafrecht, München 1955, S. 12—13.

des Menschen wie sie nun einmal ist — Gewalt, Brandstiftung, unbeabsichtigte Tötung und Mord als mögliche Folgen prinzipiell in sich ein"[214]. Eine amerikanische Erklärung des professionellen Killers lautet „Anstatt jemand in den Magen zu treffen, geht man nur einen Schritt weiter und tötet. So ist das Leben"[215]. In diesem Zusammenhang ist auch an die Kämpfe zwischen jugendlichen und erwachsenen Banden in den USA zu erinnern, die infolge des Besitzes von Schußwaffen dann nicht nur in Körperverletzungen, sondern auch in Morden enden[216].

Eine andere Theorie deutet den Mord als eine Steigerungsform des Diebstahls und bezieht sich hierbei auf *Wulffen*. Der Raubmörder sei ebensosehr Räuber wie Mörder, und im Räuber stecke psychologisch verkappt der Dieb[217]. Auch *Ambler* meint, die Fähigkeit zu töten sei in gewisser Beziehung nur eine Ausdehnung der Fähigkeit zu stehlen[218]. *Wyden* spricht von dem schmalen Grat, der den Diebstahl von Eigentum von dem Diebstahl des Lebens trennt[219].

Auf dem Gebiet der Sexualverbrechen ist eine ähnliche Steigerung zu erkennen; der berühmte frühere Leiter der Berliner Kriminalpolizei, *Gennat*, nannte den Lustmord „aufs Höchste gesteigerten Sadismus"[220].

Clinard faßt in seiner Typologie der Verbrechen Körperverletzung, Notzucht und vorsätzliche Tötung zusammen und sieht die Tötung als die Steigerungsform der beiden anderen Delikte an[221]. Eine weitere Entwicklung zum Mord kann sich aus erlaubtem Töten ergeben oder aus dem, was zeitweise für erlaubt gehalten wird[222]. Die Zwischenstufe zwischen dem Soldaten auf der einen und dem Verbrecher und Räuber auf der anderen Seite ist der Aufständische oder

[214] Biologische Anthropologie der politischen Wirkung, S. 10; siehe auch *Lorenz* a. a. O. (Anm. 10) S. 72—73.

[215] *Wyden* a. a. O. (Anm. 179) S. 17.

[216] Hierzu *Middendorff*, Jugendkriminologie, S. 51ff., und *Davidson/Gehman*, The Jury is still out, London 1961.

[217] *Wurmser* a. a. O. (Anm. 143) S. 39.

[218] A. a. O. (Anm. 182) S. 18.

[219] A. a. O. (Anm. 179) S. 11, siehe auch *Siciliano*, Homicide in Denmark, Annales Internationales de Criminologie, 1968, S. 424.

[220] *Plaut*, Der Sexualverbrecher und seine Persönlichkeit, Stuttgart 1960, S. 118—119, und *Berg*, Das Sexualverbrechen, Hamburg 1963, S. 131; siehe auch *Schlegel*, Die Sexualinstinkte des Menschen, 2. Aufl., München 1966, S. 193ff., und für die USA: *Schultz*, How many more victims?, New York 1965, S. 172.

[221] A. a. O. (Anm. 148, 1. Teil) 3. Aufl. S. 258ff., und *Middendorff*, Der unheimliche Mörder, Freiburger Almanach 1969, S. 49ff.

[222] Hierzu *Middendorff*, Der politische Mord, S. 213; *Exner* (Teil I, Anm. 97) a. a. O. S. 11.

Guerillakämpfer, wie *Thayer* ihn u. a. am Beispiel des General Grivas geschildert hat[223].

In den USA hat der bekannte Psychiater Karl *Menninger* vor der Rechtfertigung des Tötens gewarnt, weil es schließlich kein Halten mehr gebe; und er hat daran erinnert, wie man es früher für durchaus rechtmäßig gehalten habe, Pferdediebe aufzuhängen und Indianer oder Sklaven zu töten, und das letztere lediglich deswegen getadelt habe, weil es einen Vermögensverlust darstellte[224]. Es ist unbestritten, daß ein gewisses Moment der Gewöhnung bei der Begehung von Mordtaten eine wichtige Rolle spielt, die Scheu vor dem Menschenleben kann allmählich fast unmerklich gelockert werden; wie der Mensch sich an alles gewöhnt, so gewöhnt er sich auch an das Töten[225] und den Gedanken, getötet zu werden. Die meisten Todeskandidaten essen und schlafen gut bis zum Tage ihrer Hinrichtung und verzehren ihr letztes Frühstück[226]. Ich selbst habe es bei einem Besuch der Todeszellen im Zuchthaus von San Quentin vor vielen Jahren erstaunlich gefunden, wie normal und selbstverständlich sich die Todeskandidaten bewegten, sich miteinander unterhielten, Tischtennis spielten, Radio hörten usw. Heute weiß ich, daß auch hier die Gewöhnung eine wesentliche Rolle spielt[227].

Bockelmann schrieb eindrucksvoll, wie tief die Bereitschaft zum Töten in der Seele des Menschen eingewurzelt sei und wie gering die Hemmungen sind, „die der Mensch überwinden muß, um sich an das Töten zu gewöhnen. Eben deshalb darf man jene Bereitschaft nicht wachrufen und jene Gewöhnung nicht fördern.

Von jener Gewöhnung habe ich selbst einmal etwas erfahren. Ich habe niemals ein Todesurteil gefällt. Aber ich habe im Laufe von zwei Jahren viermal auf dienstlichen Befehl Hinrichtungen beiwohnen müssen. Noch heute denke ich mit Schaudern daran zurück, wie qualvoll für mich selbst die Befolgung dieses Befehls das erste Mal gewesen ist. Aber noch mehr schaudere ich in der Erinnerung daran, daß es schon das zweite Mal nicht mehr so schlimm war und daß es sich bereits beim dritten Mal eigentlich um die routinemäßige Er-

[223] A. a. O., (Anm. 79) S. 149ff.; Lawrence, der „sanfte Archäologe", „der das Soldatentum verabscheute", ließ im Blutrausch 200 gefangene Türken erschießen. *Nutting*, Lawrence, Held von Arabien, München 1963, S. 105.

[224] *Wyden* a. a. O. (Anm. 179) S. IX.

[225] Hierzu *Wiesenthal*, The Murderers among us, London 1967, S. 272, 284, 323ff.; *Adleman/Walton*, The Devil's Brigade, New York 1967, S. 202; *Lyle* a. a. O. (Teil I, Anm. 96) S. 90—91; *Wyden* a. a. O. S. 17.

[226] *Laurence*, A History of CapitalPunishment, New York 1960, S. 144.

[227] Siehe auch *Wyden* a. a. O. (Anm. 179) S. 81; Death House, hrsg. von *Hirsch*, New York 1966.

ledigung eines Dienstgeschäftes gehandelt hat. In dieser Gefahr der Gewöhnung an das Gräßliche, in die ich selbst geraten bin, liegt für mich das entscheidende Argument gegen die Todesstrafe"[228].

Für alle die oben genannten Theorien gilt das „Gesetz der moralischen Fallgeschwindigkeit", des langsamen Abstiegs von Stufe zu Stufe[229]. *Zola* hat in seinen Romanen „Die Bestie im Menschen" und „Therese Raquin" die langsame Entwicklung zum Mord in faszinierender Weise dargestellt, dasselbe gilt für Joseph *Roths* „Beichte eines Mörders".

Andererseits sei an dieser Stelle noch einmal darauf hingewiesen, wie einfach und schnell in vielen Fällen der Schritt zum Mord getan wird, z. B. dadurch, daß man eine Pistole abdrückt[230], oder einen Hahn beim Höhenversuch zu spät zudreht[231].

Rasch fand bei seinen Untersuchungen, daß das Leben von Mördern nach der Tat in den gleichen Bahnen weiterlief wie zuvor[232], dem stehen die Erfahrungen *v. Hentigs* gegenüber, nach denen das Leben derjenigen, die wegen Mordes vor Gericht kamen, sich selbst dann entscheidend änderte, wenn sie von der Anklage des Mordes freigesprochen wurden[233].

Es ist weiter zu fragen, ob es Unterschiede zwischen dem gemeinen Mord und dem politischen Mord gibt. An anderer Stelle habe ich gezeigt, daß die Persönlichkeit des gemeinen Mörders mit der des politischen Mörders viele Gemeinsamkeiten aufweist[234], *Heinitz* hat daher auch mit Recht eine Sonderbehandlung des Überzeugungs- oder Gewissenstäters abgelehnt[235]. Die Klammer zwischen dem politischen Mörder und dem gemeinen Mörder kann in derselben Aggressivität liegen, deren Ausbruch sich vielleicht nur durch Zufall oder

[228] Für und wider die Todesstrafe, Jahrhundertfeier der Abschaffung der Todesstrafe in Portugal, Coimbra 1967, S. 24.

[229] *Wurmser* a. a. O. (Anm. 143) S. 40; siehe auch Trauberg, Vorleben, Frankfurt 1968.

[230] *Goodman* a. a. O. (Anm. 204) S. 11; siehe auch *Zwingmann*, Zur Psychologie der Lebenskrisen, Frankfurt 1962, S. 56, wo vom Zufälligkeitscharakter des Mordes gesprochen wird, der so passiert, wie eine freche Antwort herausrutscht.

[231] Medizin ohne Menschlichkeit, hrsg. von *Mitscherlich* und *Mielke*, Frankfurt 1960, S. 41 ff.

[232] Tötung des Intimpartners, Stuttgart 1964, S. 2.

[233] Probleme des Freispruchs beim Morde, Tübingen 1957, S. 60; siehe auch *Sieburg*, Helden und Opfer, Gärtringen 1960, S. 55 ff.

[234] Der politische Mord, S. 115; *Goll* a. a. O. (Anm. 147) S. 503 ff.; *Blair*, The Strange Case of James Earl Ray, New York 1969.

[235] Der Überzeugungstäter im Strafrecht, ZStW, 78. Bd., Heft 4, S. 637; siehe auch *Budzinski*, Der Überzeugungsverbrecher, Leipzig 1931.

äußere Umstände, oder einfach, weil die Bewachung eines führenden Politikers zu stark ist, gegen einen beliebigen anderen Menschen richtet.

Es gibt zahlreiche kriminologische Untersuchungen, die einen engen Zusammenhang zwischen Mord und Selbstmord gefunden haben, *Kinberg* nannte den Mord einen „abgeleiteten Selbstmord"[236]. Das Ergebnis ist also, daß sich keine grundsätzlichen Unterschiede zwischen den Menschen feststellen lassen, die töten, und denen, die sonstige Delikte der allgemeinen Kriminalität begehen.

4. *Mensch und Verbrecher*

Schließlich ist noch die letzte Frage zu klären, ob es prinzipielle Unterschiede zwischen dem Rechtsbrecher auf der einen und dem nichtstraffälligen Menschen auf der anderen Seite gibt. *Lombroso* glaubte zu seiner Zeit, einen besonderen Typ des „delinquente nato" gefunden zu haben (seine Lehre feiert in unserer Zeit eine gewisse Wiederauferstehung in den Forschungen zur Chromosomenanomalie)[237], heute wissen wir, daß zwischen den Straffälligen und den Nichtstraffälligen vielfältige Beziehungen bestehen, daß der Mensch ein gemischter Charakter ist[238], „Kain und Abel in demselben Körper"[239], Kain und Mose in derselben Erbmasse[240]. *Jesse* spricht vom Menschen mit zwei Seelen oder zwei Gesichtern[241], *Wyden* von einem Niemandsland zwischen den Kriminellen, die ihre Impulse,

[236] A. a. O. (Anm. 23) S. 160; siehe auch *Middendorff*, Der politische Mord, S. 168; *Dietrich*, Manie, Monomanie, Soziopathie und Verbrechen, Stuttgart 1968, S. 58ff.; *Wurmser* a. a. O. (Anm. 143) S. 50; *Balluseck*, Selbstmord, Bad Godesberg 1965, S. 103; *Ghysbrecht*, Der Doppelselbstmord, München 1967, S. 68ff.; *Reckless* a.a.O. (Anm. 126) S. 44ff.; *Wyden* a.a.O. (Anm. 179) S. 94; *Morris/Blom/Cooper* a. a. O. (Anm. 151a, 1 Teil) S. 278ff.; *v. Hentig*, Der Muttermord, S. 121ff.; *Ghysbrecht*, Psychologische Dynamik des Mordes, S. 7, 15, 62; *Duffy*, 88 Men and 2 Women, New York 1963, S. 148ff.

[237] *Mergen*, Der geborene Verbrecher, Hamburg 1968; siehe *Mauz*, Die Gerechten und die Gerichteten, Frankfurt 1968, S. 294ff.; *Prokop*, Einige kritische Fragen der gerichtlichen Medizin und Kriminologie, in: Kriminologische Aktualität III, Hamburg 1968, S. 17ff.; und Lise *Moor*, Aberrations chromosomiques portant sur les gonosomes et comportement antisocial. Etat actuel de nos connaissances, Annales Internationales de Criminologie, No. 2, 1967, S. 459ff.

[238] Siehe *Middendorff*, Der politische Mord, S. 204ff.; *Simson*, Einer gegen alle, München 1960, S. 182 u. S. 212, und die ausgezeichnete Einführung in *Irving's* „A Book of Remarkable Criminals", London 1918.

[239] *Lindsay* a. a. O. (Anm. 142) S. 86.

[240] *Szondi*, Kain, Gestalten des Bösen, Bern 1969, S. 11.

[241] Comments ... S. 99, 125, 142. Max *Frisch* hat in seinem Roman „Stiller" gezeigt, wie ein Mensch versucht, aus seiner Identität auszubrechen.

Phantasien und Frustrationen ausleben, also Verbrechen begehen, und den Nichtstraffälligen, die dieselben Impulse unterdrücken; dieser Streifen Niemandsland sei sehr schmal, und man wisse bis heute nur sehr wenig darüber, warum die einen zu der einen und die anderen zu der anderen Gruppe gehören[242].

Dreierlei Beziehungen zwischen Straffälligen und Nichtstraffälligen sind unstreitig:

a) Jeder, selbst der unmenschlichste Verbrecher, hat menschliche Züge,

b) Jeder, selbst der beste Mensch, hat verbrecherische Impulse,

c) Verbrecher und Opfer wirken oft zum Gelingen des Verbrechens zusammen.

a) Es gibt viele Beispiele dafür, daß selbst die grausamsten Mörder menschliche Eigenschaften haben. So sagte *Lyle* von einem Killer von Chicago, das Beste, was man über ihn sagen könne, sei, daß er gut zu seiner Mutter war, und denselben Zug finde man bei jedem anderen Halunken, den er kenne[243]. Der Gangster Stevens, der für 50 Dollar einen Mord beging, war ein Puritaner und ein ausgezeichneter Familienvater. Er liebte seine kranke Frau und adoptierte drei Kinder. Er achtete sehr darauf, daß seine Kinder keine vulgären Worte gebrauchten, und er verurteilte die Ausschreitungen Jugendlicher[244]. *Duffy*, der Direktor des Zuchthauses von San Quentin, berichtete von einem Mörder Henry, den er wegen seiner vorzüglichen Arbeit sehr schätzte und den er für einen vortrefflichen Charakter hielt[245]. Auch *Wurmser* fand bei einer Reihe von Mördern gleichzeitig einen zynisch grausamen Verbrecher und einen freundlichen Biedermann[246]. Aus Israel berichtete Haim *Cohn* von Mördern, die ihre Frau umgebracht hatten; einer von ihnen war ein tüchtiger Schreiber im Gefängnis und verwaltete gleichzeitig das Gefängniskrankenhaus. „Ich fragte ihn, wie ein Mann wie er so etwas hätte tun können, seine Antwort war folgende: ‚Wenn Sie selbst mit dieser Frau verheiratet gewesen wären, hätten Sie Tag und Nacht und Nacht und Tag daran gedacht, wie Sie sie hätten töten können, aber Ihre Hemmungen hätten Sie wahrscheinlich gehindert, mich nicht'"[247].

[242] A. a. O. (Anm. 179) S. 194.
[243] A. a. O. (Teil I, Amn. 96) S. 97; siehe auch *v. Hentig*, Der Muttermord, S. 16.
[244] *Lyle* a. a. O. S. 66.
[245] *Duffy/Hirshberg*, Sex and Crime, New York 1967, S. 59ff.
[246] A. a. O. (Anm. 143) S. 246; siehe auch *Wiesenthal* a. a. O. (Anm. 225) S. 288.
[247] Uxoricides, Journal of Offender Therapy, 2, 1966, S. 45; siehe auch Claude *Brown* a. a. O. (Anm. 177) S. 142, und *Louwage* a. a. O. (Anm. 162) S. 315.

Illegale Aktivität kann sich zu legalem Verhalten wandeln. *Lüth* wies darauf hin, die besten unter den Seeräubern hätten das Zeug zur legalen Admiralität in sich gehabt. Manchmal ließen sie sich formal Kaperbriefe ausstellen und kaperten dann legal[248]. An anderer Stelle habe ich gezeigt, wie aus Gewaltverbrechern ausgezeichnete Soldaten oder Polizisten wurden, und umgekehrt[249]. Der Berufsverbrecher Vidocq wurde der erste überaus erfolgreiche Chef der französischen Sûreté[250]. Chicago war in den USA nicht die einzige größere Stadt, in der „die Trennungslinie zwischen Jägern und Gejagten dünn und verwischt war"[251]. Der frühere Kriminaldirektor *Busdorf* berichtete in seinem Buch „Wilddieberei und Förstermorde" von einem Soldaten, der nach dem ersten Weltkrieg zurückkehrte und seine Tätigkeit als gewerbsmäßiger Wilderer wieder aufnahm. Nach einer Verurteilung bat er die Forstverwaltung, ihn als Jäger einzustellen. Man hätte diesen Antrag vielleicht besser annehmen als ablehnen sollen; nach unseren heutigen kriminologischen Erfahrungen wäre er wahrscheinlich ein ausgezeichneter Förster geworden und hätte später nicht auf Förster, sondern auf Wilderer geschossen[252].

b) Menschen, die nicht oder nicht mehr straffällig werden, können ihre verbrecherischen Neigungen auf unterschiedliche Weise abreagieren und sublimieren, so z. B. in Phantasie und Traum[253] oder im Beruf[254], wie dies Agatha *Christie* in ihrem Kriminalroman „Letztes Weekend" für den Richter beschrieben hat. Der bekannte amerikanische Kriminologe Thomas *McDade* sagte einmal: „Kein Sammler sollte versuchen zu erklären, warum er diese oder jene Dinge sammelt .... in meinem eigenen Fall frage ich wohl besser nicht, was für eine Leidenschaft mich treibt, Verbrechensliteratur zu sammeln. Es ist besser, daß ich die inneren Konflikte nicht kenne, die dieses morbide und blutgierige Interesse erklären könnten"[255]. Es ist auch nicht von ungefähr, daß einer der Helden unserer Zeit James Bond, der Killer

[248] A. a. O. (Anm. 78) S. 6—7.

[249] Der politische Mord, S. 208 ff.; *Mereschkowski*, Napoleon, München o. J. S. 479.

[250] *Stead*, Vidocq, Stuttgart 1954, und Vidocq, München 1968. Eine der historisch und kriminologisch interessantesten Gestalten ist Fouché; *v. Hentig* und Stefan *Zweig* haben sein Leben psychologisch meisterhaft beschrieben.

[251] *Wyden* a. a. O. (Anm. 179) S. 203; siehe auch die Beispiele bei *Middendorff*, Jugendkriminologie, S. 82; und *v. Hentig*, Der Muttermord, S. 57 u. S. 84ff.

[252] München 1962, S. 260; siehe auch *Lustgarten*, The Business of Murder, a. a. O. S. 15.

[253] Siehe *Herren*, Das Verbrechen in Phantasie und Traum, Der Psychologe, Heft 7/8, 1960, S. 309ff.

[254] *Szondi* a. a. O. (Anm. 240) S. 133ff. u. S. 145ff.

[255] Siehe auch *Reiwald*, Die Gesellschaft und ihre Verbrecher, S. 262ff.

007, ist, „wir projizieren in ihn unsere frustrierten und verdrängten Wünsche, die so auf magische Art befriedigt und kompensiert werden"[256].

Die Haltung des modernen Menschen gegenüber dem Mord ist ambivalent, Bluttaten ziehen ihn ebenso an, wie sie ihn abstoßen[257]. Erschreckend sind auch die neueren Ergebnisse der Verhaltensforschung; es ist möglich, eine beliebige Anzahl von Menschen langsam daran zu gewöhnen, andere Menschen zu quälen und schließlich sogar zu foltern. „Es gelang mit beunruhigender Leichtigkeit"[258]. In diesem Zusammenhang wäre auch die Persönlichkeit des Henkers näher zu untersuchen, seine Stellung in der Gesellschaft, die Abstoßungs- und Anziehungskraft seines Berufes — in England bewarben sich z. B. Geistliche, Juristen und Mediziner —[259], seine Kriminalität und sein oft gewaltsames Ende. *v. Hentig* spricht vom „gehängten Henker"[260].

c) In neuester Zeit hat sich als selbständige Forschungsrichtung der Kriminologie die Victimologie entwickelt, die mit Recht auf die vielfältigen Beziehungen zwischen Täter und Opfer hingewiesen hat[261]. *Jesse* erfand zur Bezeichnung des willigen Mordopfers das Wort „murderee"; Mörder und Opfer senden und empfangen auf derselben Welle[262]. *v. Hentig* zeigte, wie masochistische Selbstmordneigung die Mordgier des Täters wecken kann[263].

[256] Der Fall James Bond, München 1966, S. 154—155 u. S. 168.

[257] *Brophy* a. a. O. (Anm. 183) S. 19; siehe auch *v. Hentig*, Zur Psychologie der Einzeldelikte, S. 166, und *Morris/Blom/Cooper* a. a. O. (Anm. 151a, 1. Teil) S. 271ff.

[258] „Die Zeit" v. 14. 6. 1968.

[259] *Laurence* a. a. O. (Anm. 226) S. 139.

[260] *v. Hentig*, Studien zur Kriminalgeschichte, Bern 1962, S. 160ff.; *v. Hentig*, Vom Ursprung der Henkersmahlzeit, Tübingen 1958, S. 199ff.; *v. Hentig*, Das Verbrechen III, Berlin 1963, S. 401ff.; *Radbruch*, Elegantiae Juris Criminalis, Basel 1950, S. 141ff.; *Schuhmann*, Der Scharfrichter, Kempten 1964; *Knobloch*, Der deutsche Scharfrichter und die Schelmensippe, Hamburg 1921; *Keller*, Der Scharfrichter in der deutschen Kulturgeschichte, Hildesheim 1968; *Danckert*, Unehrliche Leute, Bern 1963, und *Barring*, Götterspruch und Henkerhand, Bergisch-Gladbach 1967.

[261] Siehe *Middendorff*, Der politische Mord, S. 176ff.; *Ellenberger*, Psychologische Beziehungen zwischen Verbrecher und Opfer, Zeitschrift für Psychotherapie und medizinische Psychologie, Heft 6, 1954, S. 261ff.; *v. Hentig*, Das Verbrechen II, Berlin 1961, S. 364ff.; *Chapman* a. a. O. (Anm. 78) S. 153ff.; *Morris/Blom/Cooper* a. a. O. (Anm. 151a, 1 Teil) S. 321ff.; *Franklin* a. a. O. (Anm. 144) S. 245; *Lindsay* a. a. O. (Anm. 142) S. 73; *Brophy*, The Meaning of Murder, London 1967, S. 112ff.; *Amelunxen*, Strafjustiz und Victimologie, Kriminalistik 1969, S. 178ff.

[262] Murder and its Motives, S. 60 u. S. 63.

[263] *v. Hentig*, Die Kriminalität des homophilen Mannes, Stuttgart 1960, S. 99.

Am Ende der vorstehenden Ausführungen muß der Kriminologe feststellen, daß es zwischen der Persönlichkeit des Mörders und der des Nichtstraffälligen keine grundsätzlichen Unterschiede gibt. *Wyden* sagt daher mit Recht, man müsse das Undenkbare denken und das Unaussprechliche auch aussprechen[264], daß nämlich, wie *Steigleder* in seiner Untersuchung „Mörder und Totschläger" formuliert, unter besonderen äußeren Bedingungen jeder Mensch ein Tötungsdelikt begehen könne[265].

Der englische Schriftsteller Norman *Shrapnel* schrieb 1961: „Das Problem der Gewalttätigkeit ist das Herz und vielleicht der Schlüssel zu unserer Zeit." Somerset *Maugham* ließ in einem Schauspiel einen Mordfall in einem gutbürgerlichen Londoner Vorort spielen — der Titel des Stückes lautete: Leute wie wir[266].

Schlußbemerkung

Als Ergebnis der Untersuchung über die Gewalttätigkeit in den USA ist zusammenfassend zu sagen, daß wenn in jedem Menschen ein potentieller Mörder schlummert, dann in den USA durch die geschichtliche Entwicklung und äußere Bedingungen mehr von diesen schlummernden Möglichkeiten geweckt wird, als dies in Europa der Fall ist. Die Faktoren, die die Gewalttätigkeit fördern, sind, kurz aufgezählt: falsche Erziehung, Verweichlichung und Frustrationen, schwache Familienzusammengehörigkeit, Hemmungslosigkeit, Schwäche und Bequemlichkeit, die Reizbarkeit, die aus der Nervenbelastung des modernen Lebens erwächst, und das alles in Verbindung mit der Möglichkeit, jederzeit eine Schußwaffe zur Verfügung zu haben. Es fehlt das Korsett durchorganisierter staatlicher Ordnung; der Staat ist, wie *Matthias* einmal gesagt hat, ein „geordnetes Chaos", ein Tummelplatz von Gruppen, die besser organisiert und disziplinierter sind als der Staat selbst. Hannah *Arendt* sprach im Mai 1969 in New York von der wachsenden „Impotenz der Macht"[267]. Die Schwäche der sozialen Kontrollen beruht nicht nur auf dem Individualismus und der Mobilität der Bevölkerung, sondern liegt auch in der Art der Organisation von Polizei und Staatsanwaltschaft begründet, die z. T. von der Bevölkerung gewählt werden und damit politisch abhängig sind. Die aus dem letzten Jahrhundert stammenden Rassengegen-

[264] A. a. O. (Anm. 179) S. 196; siehe auch *Brophy* a. a. O. (Anm. 183) S. 244, und *Rasch* a. a. O. (Anm. 193) S. 1.

[265] Stuttgart 1968, S. 167; *Lindsay* a. a. O. S. 33, 55, 66; *Goll* a. a. O. (Anm. 147) S. 493.

[266] Mehr Morde, Zürich 1961, S. 12.

[267] „New York Times" v. 25. 5. 1969.

sätze sind noch lange nicht gelöst und verschärfen die vorhandenen Aggressionstendenzen. Es kommt eine aus der Postkutschenzeit stammende Regelung der Zuständigkeitsgrenzen hinzu, die ein schnelles und erfolgreiches Eingreifen der Polizei oft verhindert.

Die Zahl der Gewaltverbrechen stieg 1968 in den USA um 19 Prozent, die der vorsätzlichen Tötungen allein um 13 Prozent[268], in den Städten über 250000 Einwohner um 20 Prozent[269].

In der Bundesrepublik Deutschland wurden 1968 539 Fälle von Mord und Totschlag gemeldet, 1967 waren es 599 gewesen. Die Häufigkeitsziffer sank von 1967 bis 1968 von 1,0 auf 0,9[270].

Die kriminologische Forschung steht, was Mord und Mörder angeht, erst am Anfang; *Radzinowicz* sagte im Juni 1969 auf dem XIX. Internationalen Lehrgang für Kriminologie in Mendoza, Argentinien, bis heute seien die Kriminellen noch um vieles erfolgreicher als die Kriminologen. Es ist aber eine Lebensfrage, ob es gelingen wird, die technischen Möglichkeiten, die dem Menschen heute zur Verfügung stehen, zu kontrollieren und die Hemmungen aufzubauen, die die Menschen hindern können, sich gegenseitig umzubringen. Es muß, um mit Konrad *Lorenz* zu sprechen, gelingen, die tierischen (oder menschlichen) Eigenschaften zu beherrschen, die die Gefahr mit sich bringen, daß Menschen Menschen töten. *Wertham* nennt in seinem Buch „The Show of Violence" als oberstes Ziel die Vorbeugung. Es sei nicht nur erforderlich, die Menschen, sondern vor allem auch die Lebensbedingungen und sozialen Institutionen zu ändern. Mord sei ein Bazillus, die Krankheit liege woanders. „Es handelt sich nicht um gelegentliche Gewalttätigkeit, sondern um die dauernde Verletzung des Grundsatzes von der Würde und dem Wert des Menschenlebens. Heute ist die Achtung vor dem Leben des Menschen nur ein proklamiertes Ideal. Wir müssen energisch die Widerstände beseitigen, die verhindern, daß das Ideal auch praktisch verwirklicht wird"[271].

268 Federal Probation, März 1969, S. 85.

269 Uniform Crime Reports 1968, Washington D. C. 1969, S. 7.

270 Polizeiliche Kriminalstatistik 1967 und 1968, BKA, Wiesbaden 1968 und 1969, S. 156 u. S. 106.

271 *Godwin*, Criminal Man, New York 1957, S. 58—59.

Nachwort

Die wichtigste Neuerscheinung des Jahres 1969 ist das von Graham und Gurr herausgegebene Buch „Violence in America: Historical and Comparative Perspectives" (New York), das 22 Gutachten führender Wissenschaftler enthält, die in einen Bericht an die „National Commission on the Causes and Prevention of Violence" zusammengefaßt wurden. Das 822 Seiten und „350000 Worte" umfassende Taschenbuch bietet einen ausgezeichneten Überblick über die Entwicklung der Gewaltkriminalität in den USA und anderen Ländern und bringt eine erstaunliche Fülle von Material. Den europäischen Leser mag die Ehrlichkeit und Offenheit verblüffen, mit der die Amerikaner Selbstkritik üben; es ist aber eine bekannte Tatsache, daß amerikanische Kritiker eher übertreiben als beschönigen.

Das Ergebnis des Buches läßt sich in dem Satz zusammenfassen, daß „kollektive Gewalt normal ist" und daß die Bürger der USA auch in Zukunft mit der Gewalt leben müssen.

In den Schlußfolgerungen des Berichtes wird gesagt, die amerikanische Gesellschaft sei besonders anfällig für die Frustrationen, die aus enttäuschten Erwartungen von Millionen von Einwanderern resultieren, die „paradoxerweise gleichermaßen nach Freiheit und Gleichheit streben, was in der Praxis oft zwei sich widersprechende Ziele sind."

Der Historiker Professor Brown gibt eine beeindruckende Darstellung der historischen Entwicklung der Gewaltkriminalität, die mit der Revolution begann. „Unsere Nation wurde erdacht und geboren in Gewalt", und bis heute habe sich die Tradition erhalten, Recht und Gesetz in die eigene Hand zu nehmen, wenn die staatliche Macht versagt.

Brown teilt die Gewalt in negative und positive Formen ein. Zur negativen Gewalt zählt er die einfache Kriminalität, Familienfehden, Lynchexzesse, Gewaltakte aus rassischer, ethnischer und religiöser Benachteiligung, Krawalle in Städten, Massenmord und politischen Mord.

Die Kriminalität in den USA hat sich in den letzten zweihundert Jahren stark gewandelt, ein Phänomen hat sich bis heute, wenn auch abgeschwächt, gehalten: daß nämlich die amerikanische Öffentlichkeit den Verbrecher gleichermaßen verdammt und bewundert.

Eine klassische Phase der negativen amerikanischen Gewalt stellen die Familienfehden dar, von denen die tödlichste in Arizona von 1886 bis 1892 ausgefochten wurde. Die „Rinderfamilie" der Grahams kämpfte gegen die „Schaffamilie" der Tewksburys. Der Kampf endete erst, als von beiden Familien nur noch ein Überlebender vorhanden war.

Wenn diese Fehden noch nach gewissen Spielregeln ausgefochten wurden und sich über Jahre hinzogen, dann kann man dies vom modernen Massenmord nicht sagen, z. B. dem Fall des Richard Speck, der im Sommer 1966 in Chicago an einem Abend acht Lernschwestern ermordete. Innerhalb eines Monats folgte der Massenmord von Austin, Texas. Charles Whitman war auf den Turm der Universitätsbibliothek gestiegen und hatte von dort vierzehn Menschen erschossen und dreißig verwundet, nachdem er vorher zu Hause seine Frau und seine Mutter getötet hatte. Whitman hatte drei Gewehre, einen Karabiner, drei Pistolen und drei Hiebwaffen bei sich, die er alle ohne jede Schwierigkeit im Handel erworben hatte.

Selbstverständlich hat es auch in früheren Zeiten schon Massenmörder gegeben, und die Morde einer kalifornischen Hippie-Gruppe werden nicht die letzten dieser Art sein. *Steiger* versucht in seinem Buch „The Mass Murderer" (New York 1967) eine Erklärung für die Erscheinung des Massenmörders zu finden und sagt beispielsweise: „Europäische Beobachter und amerikanische Kritiker haben mit Bestürzung auf das schwindende Selbstwertgefühl des amerikanischen Mannes hingewiesen, da die Vereinigten Staaten in immer stärkerem Maße ein Matriarchat werden. In Amerika begehen mit ganz seltenen Ausnahmen Männer die Massenmorde. Zahlreiche Psychiater haben festgestellt, daß viele dieser Massenmörder gestanden haben, daß sie ihre Väter haßten. Vielleicht ist es die Wahrheit, daß sie tief im Inneren die wachsende Erniedrigung ihres Vaters miterleiden und tatsächlich unbewußt ihre Mütter hassen." (S. 147—148) Man hat auch festgestellt, daß die Massenmörder unauffällige, fast krankhaft unterwürfige Männer sind, die vor ihrer Tat ihren Freunden und Bekannten durch nichts aufgefallen sind. Nach der Schätzung einiger Psychiater befinden sich unter tausend Personen in den USA ein bis zwei potentielle Massenmörder.

Unter den Formen der positiven Gewalt führt Brown die Tätigkeit der Polizeibeamten und Sheriffs an und fügt hinzu, immer schon habe man über die Brutalität der Polizei, insbesondere gegen Neger, geklagt. In diesem Zusammenhang ist auf einen anderen umfangreichen Bericht hinzuweisen, der von *Walker*, dem Direktor einer

Chicagoer Studiengruppe, der Nationalen Kommission erstattet wurde. Er behandelt die Vorfälle während der Tagung des demokratischen Parteikonvents 1968 in Chicago und nennt sich „Rights in Conflict" (New York 1968). Der Untertitel heißt bezeichnenderweise „The Chicago Police Riot", d. h. also Krawalle, die von der Polizei in Chicago ausgingen. Die Schuld an diesen Krawallen treffe mindestens zu einem Teil den Oberbürgermeister von Chicago. Mildernd wird der Polizei angerechnet, daß sie teilweise schlecht ausgebildet und schlecht bezahlt sei. Im einzelnen wurden bei Zusammenstößen mit Demonstranten auch unbeteiligte Fußgänger geschlagen, mehr als sechzig Journalisten wurden verletzt; der Presse machte man den Vorwurf, sie habe bei mindestens zwei Gelegenheiten für ihre Berichterstattung Gewaltszenen gestellt und Verletzungen vorgetäuscht. Den an den Ausschreitungen beteiligten Polizeibeamten geschah offensichtlich nichts; in „The New Yorker" vom 8. November 1969 heißt es, zwei Drittel der Bevölkerung von Chicago hätten das Verhalten ihrer Polizei gebilligt. „Dieses Ergebnis erstaunte selbst einige der zynischsten Beurteiler der öffentlichen Meinung, weil es bedeutete, daß zum erstenmal in unserer Geschichte eine große Mehrheit unserer Bürger das Recht der Polizei unterstützte, hunderte von unbewaffneten und sich nicht wehrenden Männern, Frauen und Kindern bis zur Bewußtlosigkeit zu schlagen."

Dagegen wurden acht Anführer der linksradikalen Demonstranten von Chicago vor Gericht gestellt; der Hauptangeklagte, der Führer der Neger-Organisation Black Panther, saß mit Handschellen und Ketten an einen Stuhl gefesselt und den Mund mit einer Mullbinde zugestopft und mit Leukoplast verklebt im Verhandlungssaal. Er hatte ständig die Verhandlung gestört, die ohne ihn nicht weitergehen durfte.

Zu den positiven Formen der Gewalt rechnet Brown auch den Bürgerkrieg zwischen Nord und Süd, der allerdings unheilvolle Folgen hatte und „Wunden aufriß, die vielleicht nie heilen werden," und die Kämpfe mit den Indianern. „Es ist möglich, daß nichts so brutalisierend auf den amerikanischen Charakter gewirkt hat wie die Indianerkriege."

Ein wohl gänzlich amerikanisches Phänomen sind die Vigilante-Bewegungen (Selbstschutz-Organisationen), die — wie die klassische Definition lautet — das Recht in die eigene Hand nahmen. Von 1767 bis um 1900 wurden derartige Bewegungen fast ohne Unterbrechung in Amerika festgestellt. Ihr Ursprung liegt im Kampf gegen die Engländer oder auch in den Gegensätzen, die zum Bürgerkrieg führten. So gab es schon 1838 in Philadelphia und New York Selbstschutz-

Organisationen, die flüchtigen Sklaven halfen. Einige dieser Ausschüsse nannten sich Revolutionsgerichte, die also gleichsam die große Revolution, d. h. den Abfall der Kolonien vom Mutterland im kleineren Rahmen mit dem Anspruch desselben Rechtes für sich fortsetzten. Insgesamt hat man in den Oststaaten 116 Selbstschutz-Bewegungen festgestellt, im Westen dagegen 210, die blutigste war die in Montana im Jahre 1884, die 35 Menschenleben kostete.

Die östlichen Selbstschutz-Komitees endeten in den sechziger Jahren des vorigen Jahrhunderts, während im Westen diese Organisationen erst um die Mitte des vorigen Jahrhunderts auftauchten. Im Westen und Osten zusammen wurden 729 Menschen von diesen Organisationen getötet. Ihre Größe variierte zwischen 500 und 8000 Mitgliedern oder Anhängern, unter ihnen oft die Elite der Bevölkerung, die sich gegen eine unerträgliche Woge von Verbrechen und Unsicherheit zur Wehr setzte. Gewalt zog allerdings wiederum Verbrecher und Mob an, und es wurden schwere Grausamkeiten verübt; stellenweise führten die Selbstschutz-Bewegungen zur Anarchie und zu bürgerkriegsähnlichen Zuständen, so vor allem in Texas zwischen 1840 und 1844.

Zuweilen handelten die Selbstschutz-Komitees auch parallel und in stiller Übereinstimmung mit der Polizei, die nicht überrascht war und sich nicht wehrte, wenn ein Verbrecher aus dem Gefängnis geholt und aufgehängt wurde.

Rückblickend werden aus praktischer Sicht die Selbstschutz-Organisationen als positiver Beitrag zur Entwicklung der Rechtssicherheit gewertet, auf längere Sicht seien allerdings die negativen Aspekte nicht zu verkennen; die Tradition dieser Verlockung, das Recht in die eigene Hand zu nehmen, lebe bis heute fort. Es werden daher auch einige Organisationen aufgeführt, die in unserer Zeit sich beispielsweise in New York gebildet haben, um bei der großen Rechtsunsicherheit auf den Straßen die Tätigkeit der Polizei zu unterstützen. Von 1967 bis 1968 stieg in New York nach dem offiziellen Polizeibericht die Zahl der Raubüberfälle um 51,4 Prozent; die Aufklärungsquote, die ohnehin nur 20,4 Prozent betragen hatte, stieg auf nur 24,5 Prozent.

Eine neue Form der Gewaltkriminalität, die nicht nur auf die USA beschränkt ist, stellen die Flugzeugentführungen dar. Es gab früher schon Entführungen mit Hilfe des Flugzeuges, so wurden beispielsweise 1956 Mitglieder der algerischen Freiheitsbewegung in einem marokkanischen Flugzeug vom französischen Piloten statt nach Tunis nach Algier gebracht und dort gefangen genommen. Die heutigen

Flugzeugentführungen dienen dem Entführer als politische Demonstration und Möglichkeit, in das für ihn gelobte Land zu entkommen. Die spektakulärste Entführung war die einer Boeing 707 von Los Angeles bis Rom mit mehreren Zwischenlandungen. Es war die 173. Entführung, die von der amerikanischen Luftfahrtbehörde registriert wurde. Die Mindeststrafe für Luftpiraterie ist in den USA 20 Jahre Gefängnis, die Höchststrafe die Todesstrafe; es ist aber bisher nicht gelungen, eine weltweite Übereinkunft darüber zu erzielen, daß Luftpiraten entweder regelmäßig ausgeliefert oder in allen Ländern gleich bestraft werden.

Der Krieg in Vietnam hat das Leben der USA und des einzelnen Amerikaners tiefgehend beeinflußt. Die Atmosphäre des Landes hat sich gewandelt, die menschlichen Beziehungen haben gelitten. Gerade Ausländer, die in den letzten Jahren regelmäßig die USA besuchten, konnten diesen Wandel der Atmosphäre drastisch verspüren. Selbstverständlich wirkt der Vietnam-Krieg auch auf die Gewaltkriminalität. Der Kriminologe kennt drei Beziehungen zwischen Krieg und Kriminalität; einmal wird durch jeden Krieg der Gesamtverlauf der Kriminalität des Landes beeinflußt, so wurde in beiden Weltkriegen in Deutschland zunächst ein Absinken und dann wieder ein scharfes Ansteigen der Kriminalität festgestellt; daneben gibt es die Kriegsverbrechen, also die Verbrechen, die im Zusammenhang mit Kampfhandlungen meist als Exzeßtaten festgestellt werden wie das Blutbad von Song My, das schwer auf dem Gewissen der Amerikaner lastet, und dann die Taten einzelner Soldaten, die durch die Umwelt des Krieges und durch besondere Umstände zu Verbrechern wurden. Ein Beispiel dieser Art wird von dem Journalisten Daniel *Lang* in der Zeitschrift „The New Yorker" vom 18. Oktober 1969 geschildert. Am 18. 11. 1966 nahmen amerikanische Soldaten zwangsweise die etwa 19jährige Vietnamesin Mao mit auf eine fünf Tage dauernde Patrouille, „to have some fun". Das Mädchen wurde von vier Soldaten vergewaltigt und ermordet. Der fünfte Soldat der Patrouille, Eriksson, beteiligte sich nicht an dem Verbrechen; seine Kameraden versuchten, ihn mit hineinzuziehen und deuteten ihm an, wenn er nicht mitmache, könne es leicht geschehen, daß er auf die Verlustliste gerate. Nach der Rückkehr von der Patrouille wollte Eriksson das Verbrechen anzeigen, seine Vorgesetzten sagten ihm jedoch, es käme bei dieser Anzeige nichts heraus, und seine Familie und er würden vielleicht darunter leiden und seine Kameraden betrachteten ihn als Unruhestifter. Schließlich fand Eriksson einen Feldgeistlichen, einen Mormonen, der früher Polizeibeamter gewesen war, der sich seiner Anzeige annahm und sie weiterleitete. Als erstes wurde Eriksson in Haft genommen, um ihn vor seinen Kameraden zu schützen. Der Staatsanwalt warnte ihn eindringlich, in einer Hauptverhandlung würden die Verteidiger seiner vier Kameraden seine Zurechnungsfähigkeit bezweifeln, die Verteidiger würden versuchen, ihn zu beschuldigen, Mao ermordet zu haben, sie würden ihm vorwerfen, er habe nur nicht mitgemacht, weil er impotent sei, und würden im übrigen behaupten, das Mädchen Mao lebe fröhlich und friedlich in seinem Dorf, und Eriksson sei ein Lügner und Feigling, der die Geschichte nur erfunden habe, um aus der Front herausgezogen zu werden. Es kam schließlich zu vier verschiedenen Militärgerichtsverfahren gegen die vier Täter, denen Kameraden das beste Zeugnis ausstellten; der Kompaniechef sagte, er würde den Haupttäter gerne wieder in seine Kompanie zurücknehmen. Alle vier wurden zu Zwangsarbeit verurteilt und erhielten lebenslänglich, 15 Jahre und 8 Jahre, der Initiator, der Führer der Patrouille, ein Unteroffizier, erhielt nur 10 Jahre. Einer der Täter wurde im Revisionsverfahren freigesprochen, weil im Vorverfahren ein Fehler unterlaufen sei. Man habe ihn vor der ersten Vernehmung zwar darüber belehrt, daß er nicht auszusagen brauche und einen Verteidiger haben könne, man habe aber unterlassen, ihn darüber zu belehren, daß er auch einen Pflichtverteidiger haben könne. (Es gab damals in Vietnam nur Pflichtverteidiger, was jedem Soldaten bekannt war.)

Die lebenslängliche Strafe wurde sehr bald auf 20 Jahre und dann auf 8 Jahre reduziert, die Strafe von 8 Jahren wurde im Laufe der nächsten zwei Jahre auf 4 Jahre und 1969 auf 22 Monate herabgesetzt. Eine weitere Reduzierung ist nicht ausgeschlossen, so daß schließlich sogar die Strafe geringer sein wird als die Untersuchungshaft und der Bestrafte noch rückständigen Sold erhält. Die Strafe von 10 Jahren wurde zunächst auf 8 Jahre reduziert. Wenn diese Zeilen erscheinen, werden wahrscheinlich auch die letzten zwei Täter wieder in Freiheit sein. Ich hätte diese Geschichte nicht geglaubt, wenn ich sie etwa in einer östlichen Zeitung gelesen hätte.

Eine Prognose der Entwicklung der amerikanischen Gewaltkriminalität zu stellen, ist sehr schwierig; auch nach einer Beendigung des Krieges in Vietnam wird ein Absinken der Gewaltkriminalität kaum erfolgen, weil die Gewalt zu tief in der amerikanischen Tradition verankert ist. Im übrigen ist erhöhte Gewaltkriminalität eine Erscheinung, die nicht nur auf die USA beschränkt ist. Wir finden dieses Phänomen, allerdings in geringerem Umfange und weniger intensiv, auch in Europa, z. B. in Nordirland. Amerikanische Futurologen wie Daniel *Bell* stellen der westlichen Gesellschaft die Prognose, nihilistische Bewegungen würden sich entfalten und auch die Ausbreitung von Gewalt fördern. Der amerikanische Historiker *Schlesinger* erhofft in seinem Buch „Das erschütterte Vertrauen. Wird Amerika eine gewalttätige Nation?" von der amerikanischen Jugend, daß sie mit neuen Wertvorstellungen zur Selbsthilfe schreitet und Amerika noch rettet. Der jungen Nation sei Lincoln's Wort von der drohenden Gefahr eine Warnung: „Wenn sie je auftritt, muß sie unter uns entstehen. Sie kann nicht von außen kommen. Wenn es unser Los ist, zerstört zu werden, müssen wir uns selbst zerstören. Als eine Nation freier Menschen werden wir alle Zeit leben — oder durch Selbstmord enden."

Zeitschrift für die gesamte Strafrechtswissenschaft

Gegründet von Franz v. Liszt und Adolf Dochow

Herausgegeben von Paul Bockelmann, Karl Engisch, Wilhelm Gallas, Ernst Heinitz, Hans-Heinrich Jescheck, Richard Lange, Claus Roxin, Eberhard Schmidt, Hans Welzel

Nebst Auslandsteil

Gesamtschriftleitung:

Professor Dr. Hans-Heinrich *Jescheck*
Max-Planck-Institut für ausländisches und internationales Strafrecht, Freiburg.

Jährlich erscheint ein Band mit 4 Heften (1970: Band 82)
im Umfang von etwa 1024 Seiten
Bandpreis DM 92,—; gebunden DM 104,—

Zurückliegende Bände sind ab Band 71 lieferbar. Preise auf Anfrage

---

Der Verlag wird bei ausreichenden Vorbestellungen einen Nachdruck der vergriffenen Bände 1-70 (1881-1958) durchführen.

Die Auslieferung und Berechnung erfolgt bandweise jeweils nach Fertigstellung.
Der Subkriptionspreis der Serie beträgt **DM 7500,—**
Die Zahlung kann bandweise vorgenommen werden.

WALTER DE GRUYTER & CO.

Kolibri 360 GmbH
Ferdinand-Jühlke-Straße 7
99095 Erfurt, Deutschland
produktsicherheit@kolibri360.de